9Principios fundamentales para lograrlo todo

Nico Quindt

Quindt, Nicolás Alejandro

9 principios fundamentales para lograrlo todo : superación personal y desarrollo del potencial humano / Nicolás Alejandro Quindt. - 1a ed . – Buenos Aires : el autor, 2015.

Libro digital,

214p.

Archivo Digital: descarga y online

ISBN 978-987-33-9657-1

1. Autoayuda. 2. Superación Personal. 3. Marketing. I. Título.

CDD 158.1

Corrección y revisión a cargo de Martín Torres.

Índice

PRINCIPIO 3   68
"MÁS ALLÁ"

PRINCIPIO 4   89
"TOMAR LA PASTILLA"

PRINCIPIO 5 — 126
"CREA TUS PROPIAS HERRAMIENTAS"

PRINCIPIO 6 — 154
"MENSAJE CLARO"

PRINCIPIO 7   169
"INMERSIÓN"

PRINCIPIO 8   182
"ATACAR CON TODA LA ARTILLERÍA"

Si siempre dices la verdad, entonces nunca tendrás que acordarte de nada.

Si no hablas mal de las personas que no están, no tendrás que cuidar ni medir tus palabras.

Si crees en ti misma, no necesitarás creer en más nada.

Si luchas por tus sueños, no habrá rival que pueda vencerte.

Si das lo mejor, lo mejor vendrá.

Si ayudas a las personas que lo necesitan, nunca necesitarás pedir ayuda.

Si vives cada día como si fuese el último, no sentirás tristeza ni miedo a la hora de morir.

Si agradeces por todo lo que tienes, tendrás cada vez más para seguir agradeciendo.

Si amas una pequeñísima parte de lo que yo te amo, entonces tu amor será el más grande del mundo.

Nico Quindt
A Candela, el logro más importante de mi vida

PRÓLOGO

Hemos determinado el mundo para que todo se haga por nosotros, nuestro propósito es nuestra comodidad y nuestra comodidad nos hace mediocres.

Buscamos maestros que nos enseñen, políticos que nos administren, policías que nos protejan y un dios que provea, y a estos mismos elementos los utilizamos también para culparlos de nuestros fracasos. Nos han enseñado además que ante cualquier problema debemos pedir ayuda, nos han convencido de que necesitamos la opinión de terceros para cualquier decisión que debamos tomar. Y mientras aceptamos estos patrones de conducta, nos vamos familiarizando cada vez más con el proceso de victimización, es decir, convertirnos en víctimas absolutas de todo. Dicho proceso parte de una frase categórica: "No puedo", y a ella se le asocia otra palabra que acabará por enterrarnos: "No puedo **solo**". De esta manera comienzan a hilvanarse los mecanismos que nos ahogarán en la mediocridad: "No nací para esto", "no sé qué hacer", "no puedo vivir sin ti", "y ahora ¿qué hago?" ...

Una vez que aceptamos que nuestros triunfos dependen de un don divino o de la suerte, y no de nuestra persistencia, esfuerzo y constancia, con estas ideas nos auto-incapacitamos, le fijamos límites imaginarios a nuestro potencial, empezamos a preocuparnos desmedidamente por trivialidades, nos elaboramos todo tipo de problemas, porque vemos que quienes más sufren son los que reciben mayor atención, compasión y lástima. Y tal como expresa Wayne Dyer: "La gente prefiere ser compadecida que realizarse". Relegamos todas nuestras decisiones a factores externos y allí nace la pregunta que nos estancará de por vida, a menos que dejemos de realizarla de manera definitiva, que mezcla un pedido de opinión con aprobación y supone una incapacidad: "¿Qué hago?"; y que se encuentra indefectiblemente con una respuesta más patética que la pregunta en sí: "No puedes". Desde el momento en que aceptamos que los demás nos digan lo que debemos hacer o que nosotros les entreguemos el control de nuestras decisiones, damos inicio a que nos consideremos unos ineptos. No es casualidad que vayamos en busca de consejos con quien hace menos todavía que nosotros, por eso en este tipo de círculos, el líder siempre es el más mediocre de todos. Y así continuamos aceptando que todo es difícil, cuando no, imposible. Gastamos más energías en pensar cómo solucionar las cosas que en solucionarlas, nos **preocupamos** por todo y no nos **ocupamos** de nada. Nos ponemos en el lugar del más débil, intentamos comprender a todo aquel que se hunde a causa de sus propias decisiones, y así desparramamos compasión por doquier, evidenciando que es lo mismo que queremos recibir. Damos generosa piedad con la esperanza de que nos la regresen, y así, si todos nos hundimos en el mismo pantano, al menos no estamos solos, que es lo que más nos preocupa.

Gran parte de la razón por la cual pensamos de la manera en que lo hacemos podría provenir de la religión, los gobiernos, y las instituciones manipuladoras y caritativas que alientan el desmerito y nos enseñan a pedir, rogar, ponernos de rodillas, suplicar y agradecer; los sistemas organizados que contribuyen a generar esclavos de baja autoestima, soldados obedientes, trabajadores ignorantes que no se creen capaces de lograr nada, que no crean merecer nada, seres humildes, callados y estáticos; que obedezcan, vayan a la escuela, trabajen para comer, tengan hijos, paguen impuestos, voten, se jubilen y mueran. Pero si buscamos al verdadero culpable solo nos basta con mirar al espejo.

El niño aprende con una velocidad increíble, sus padres se sorprenden al ver cómo adquiere conocimientos constantemente y sueñan con el brillante futuro que sin duda le deparará. A medida que crece siente una enorme curiosidad por todo, pregunta, piensa, analiza, saca conclusiones que dejan con la boca abierta a quien lo oye… "Va a ser un genio" es el comentario unánime de todos los que le observan.

Cuarenta años más tarde está sentado frente al televisor, bebiendo cerveza, riendo de los mismos viejos chistes de siempre, que ya está harto de escuchar y que en realidad no le proporcionan una diversión auténtica. Se levanta, escucha las noticias, se indigna como si su indignación hiciera alguna diferencia, se queja sobre cosas que no puede cambiar, desayuna muy mal, si es que desayuna, para luego dirigirse hacia un trabajo que odia y al que no quiere volver jamás. Viaja hacinado de pie varias horas hasta llegar. Almuerza la misma comida insípida de todos los días, se lamenta de lo poco que gana maldiciendo a su jefe, pero hace veinte años que trabaja allí y nunca ha ahorrado o invertido en un negocio para poder independizarse o en información, en estudiar para poder salir de ese lugar.
Y un buen día, la empresa decide que ya no lo necesita y queda despedido. Sin saber hacia dónde ir se dirige sumiso y culposo tal como viene conduciéndose durante toda su vida. Ya es demasiado viejo para emprender algo nuevo, por lo que con el dinero que obtiene de indemnización se compra un automóvil que no puede mantener o pone un negocio que no sabe manejar y se funde. En el mismo trámite se divorcia de la única pareja que se conformó con él. No recuerda la última vez que leyó un buen libro, que miró una buena película, que se interesó por algo, que tuvo ganas de ser alguien y de hacer algo importante con su vida, no recuerda haberse sorprendido últimamente con nada… ¿Qué ha sucedido?

Desde pequeños los niños escriben sus nombres en las aulas de los colegios en todos los rincones. Sus padres y docentes piensan que es solo para llamar la atención, pero detrás de ese supuesto llamado de atención hay un mensaje encubierto: el niño quiere ser reconocido, quiere ser nombrado, quiere ser alguien, quiere importar, sueña con ser grande, único. Pero un día, varios años después, todos esos sueños se vieron doblegados por una realidad paralela en la que no es nadie, y sufre el paso del tiempo porque cada día es una nueva decepción con sí mismo y con lo que esperaba ser.

Se encuentra entonces conque su existencia se erosiona y se desgasta por falta de uso, de propósito. Sus facultades descansan en un sueño inducido, su talento se aletarga al mismo tiempo que el sentimiento de inutilidad se acrecienta dentro de sí. La TV le ha puesto la mente en blanco, el ocio adormeció su espíritu, demasiadas vacaciones que son demasiado largas, demasiados pasatiempos que le consumen el tiempo, demasiados descansos que le provocan aún más cansancio y así, recorriendo el camino del menor esfuerzo, logra una inactividad que es el desenlace de la victimización que consigue por la insistencia de los malos hábitos.

El desconocimiento de su potencial, la falta de respeto por sus sueños, la negligencia con la que ha abordado todos sus proyectos, la insolencia con que ha tratado su autoestima y el desprecio que tuvo para con sus talentos, fueron las causas principales de todos sus desaciertos. Allí reside el foco de la inconstancia y de la frustración, por esto jamás podrá detenerse a elaborar un plan de acción, una estrategia de éxito, porque ya no cree en nada, ni siquiera en sí mismo.

Pero un día se descubre en el fondo de la piscina o al borde del abismo, es como un pájaro bebé que se ha caído del nido y quiere más que nada regresar al nido, pero no se da cuenta que no necesita el nido, necesita volar… y debe decidir provocar un cambio en su vida para alcanzar sus más altas aspiraciones, para lograr sus máximos sueños y superar sus mayores retos. Y es ahí donde tiene que descubrir que solamente basta con aplicar los Principios que gobiernan los resultados que busca, para poder conseguirlos. Es ahí donde despierta del letargo, apresurado e histérico por la revelación de que ha perdido el más valioso tiempo en una inacción total…

9 **Principios fundamentales para lograrlo todo**

Te sientes muy mal, tu hijo ha muerto, se enfermó tu madre, te dejó tu pareja, quebró tu empresa. La depresión es la nueva epidemia que aqueja al mundo, y todas las expresiones de este padecimiento suelen manifestarse condensando un sinfín de variaciones que convergen en la degradación del ser. Te odias a ti mismo y tienes la sensación de que no vales nada, sensación que compruebas a cada paso, ya que como tu perspectiva es el fracaso, todo lo que haces es fracasar. De todas maneras, tus logros nunca son lo suficientemente importantes, ya que tu mundo emocional está en ruinas o al borde del derrumbe. Sientes una tristeza intensa y acongojante que te trae una melancolía tácita y un temor profundo y vergonzante. Te sofoca una ansiedad irritante y caprichosa. Tu intelecto se aletarga y no encuentra ninguna salida, estás confundido, aturdido, sin lograr concentrarte, tu memoria falla. Tu cuerpo, lo mismo que un muerto viviente, divaga tambaleando su deterioro, agotado por un insomnio acuciante, aturdido por la apatía o la irritabilidad, en una danza que alterna junto con una desbordante fragilidad, inquietud y pérdida de placer. La comida se vuelve insípida, la risa es un recuerdo lejano que ha sido reemplazado por un sentimiento de dolor tan insoportable, que la única solución parecería estar en el suicidio. Y la vida es eso que te va sucediendo mientras estás ocupado en todo esto. Escuchas hablar de "tú puedes", de "superarte a ti mismo" y de "lograr todo lo que te propongas" y piensas si realmente todas esas idioteces servirán para algo. Te preguntas ¿cómo puedo lograrlo todo, si apenas puedo levantarme de la cama?

En ese momento una voz te visita dentro de tu espíritu y te dice ¿de qué otra forma podrías salir de la depresión sino es por tu fuerza de voluntad? Sino tuvieras en este momento la superación personal ¿qué otra cosa tienes para alcanzar tus sueños y deseos?

Para cada una de las cosas que vas a lograr en tu vida o que hayas logrado, debes o debiste esforzarte, practicar, aprender, intentar y fallar, analizar, volver a intentar, capacitarte, pensar, creer, motivarte y arriesgar. Eso, nada más que eso es superación personal.

Durante años me he estado preguntando la manera de poder llevar a cualquier persona que quiera sobresalir a donde realmente quiere estar. Me tomó muchísimo tiempo entender cómo funciona la mente humana, y la única certeza que me quedó de todo este trabajo fue que el universo se rige por principios, normas y leyes que no se pueden quebrar. Este libro trata de nueve de esos principios que he encontrado luego de un arduo trabajo-estudio y están apuntados exclusivamente a que, con ellos, puedas alcanzar todo lo quieras. Algo que siempre me hizo ruido de todos los instructores que he escuchado, seguido y leído en mi vida, fueron frases tales como: "controla tus emociones", "mantente en estado óptimo todo el tiempo", "no te deprimas" …

Sin duda suenan estupendas, ahora, si se muere tu hijo y tú no te deprimes, eres un psicópata. Si encuentras a tu pareja en la cama con tu mejor amigo y controlas tus emociones, hay algo que no está funcionando bien contigo.

Lo que ocurre es que tenemos una errónea asimilación de conceptos, la superación personal no significa que no vas a deprimirte nunca, significa tener el conocimiento necesario y la fuerza de voluntad para salir de la depresión. Significa enojarte, llorar, gritar, pero recuperar el control y no permitir que esa ira te domine.

¿Cómo puedes desarrollar tu potencial si estás deprimido? Es ahí donde puedes liberar todo tu potencial, es precisamente allí donde se ponen a prueba todos los conceptos aprendidos. Las mejores obras han surgido en la tristeza, el desengaño y el desamor. Es en esos momentos donde se demostrará si puedes o no.

En todos los seminarios siempre me encuentro con el mismo inconveniente. Tengo un enorme número de antagonistas de sea lo que sea que vaya yo a decir. A veces hasta me parece que siquiera importa de qué hable, ellos van a discutirme, contradecirme y nada más a eso van, a eso se dedican. Y hasta debo admitir que son muy buenos en lo que hacen, pero jamás los he oído exponer ninguna teoría interesante.

Si te digo que cierres los ojos para hacer un ejercicio y tú los mantienes abiertos, es similar a buscarle el truco al mago. Has pagado dinero por esto, si le buscas el truco al mago: o eres mago o eres un idiota. La gente por lo general niega todos los conceptos de superación personal, pero terminan admirando a quienes los desarrollan.

Muchas personas no admiten la importancia de la superación personal, desprecian esta información rotundamente, y luego vemos personas de sesenta años arruinadas, viviendo en asilos, dependiendo de los hijos o familiares para poder comer; padres que son odiados por sus hijos, mujeres que han quedado viudas y no tienen ninguna fuente de ingresos, no tienen una profesión y no saben hacer otra cosa que ocuparse de la casa. Siguiendo estos Principios es imposible que todo esto te suceda.

Déjate de objeciones

Si tuvieras una fórmula inapelable para el éxito no estarías leyendo este libro, así que déjate de objeciones.

Me he cansado de oír objeciones toda la vida. Todo mundo puede dar mil razones de por qué las teorías de otros no funcionan, pero nadie es capaz de elaborar teorías por su propia cuenta. Todos niegan rotundamente las estrategias fundadas por gente que ha dedicado su vida al estudio de técnicas y métodos orientados a hacer mejor la vida de las personas, pero son incapaces de exponer de la nada, una estrategia propia. Forman ideas y refutaciones en base a discutir planes ajenos, pero nunca crearon su propio plan.

De modo que, si quieres avanzar en esta lectura, déjate de objeciones, negaciones y pretextos. "Eso no sirve", "No creo que sea de esa manera", "A mí eso no me ha dado resultado", "Ahí te equivocas", "Yo no estoy de acuerdo". Esas excusas crónicas que te hunden en la inactividad y la pereza no hacen más que destruir tu inteligencia e insultar la inteligencia de los demás.

Este es el resultado del trabajo-estudio de años, lo que vas a leer a continuación lo he estado desarrollando y poniendo en práctica durante toda mi vida, y al fin siento en este libro, que tengo las herramientas para realmente ayudarte a que consigas lo que quieras y eso me ayudará a mí, a lograr lo que yo quiero. Mi objetivo no es que aprendas a llegar, mi objetivo es que aprendas a disfrutar el viaje.

De una vez, déjate de objetar las ideas de otros y ponte a trabajar en tus propias ideas, si eres tan bueno para refutar, deberías ser tan bueno para crear. Descubrirás que no eres tan bueno para crear, porque optaste por el camino más fácil, el de criticar.

De ahora en más utilizarás tu energía y la concentrarás en hacer, no en hablar.

Acumula buenas decisiones

Las buenas decisiones son efímeras, es decir que, si no eres constante en ellas, desaparecerán como las moscas en el invierno, de resultados a largo plazo, y requieren dos pasos:

a) Tomarlas: esto implica el conocimiento de que debo tomar una decisión, saber que debo resolver una situación, o mejorar una parte de mi vida.

b) Sostenerlas: esto quiere decir tener determinación y carácter. Sostener una decisión es una tarea difícil que requiere una fuerza inquebrantable de voluntad y persistencia.

Los resultados de una buena decisión pueden tardar toda una vida en dar a luz. Una buena decisión puedo tomarla hoy, pero necesito sostenerla y reafirmarla de aquí hasta que muestre el resultado deseado y nadie me asegura que lo hará.

En cambio, las malas decisiones se toman hoy y tienen efectos inmediatos, no necesitan ningún tipo de persistencia, sino que una vez tomadas persisten aun después de mucho tiempo.

Por esto mismo el proceso de decidir es una tarea que requiere una previsualización, estudio, perspectiva y análisis exhaustivo. Las decisiones no se pueden tomar a la ligera o en estado de exacerbación. Volver a tomar la decisión incorrecta es también destruir la buena decisión que habías tomado antes.

Ok, comprar este libro fue una mala decisión, leerlo será una pérdida de tiempo, ninguno de los Principios que nombraré a continuación te dará resultado, ni tendrá aplicación práctica en tu vida y yo ciertamente soy un estafador. Ahora, ¿cuánto tiempo has perdido en estupideces sin sentido, en conversaciones que no conducían a ningún sitio, en mirar programas de entretenimientos vacíos?

Quizás comprar este libro en particular haya sido una mala decisión, pero créeme que haber pensado en adquirir material para superarte a ti mismo, esa no fue precisamente una mala decisión.

Dedícale tiempo

Ya tienes este libro en las manos, todavía no puedes saber si los 9 Principios pueden ayudarte o no, ya que no has leído ninguno, pero te desafío a que le dediques el tiempo necesario, para leerlo, estudiarlo, comprenderlo y por sobre todo para aplicarlo. Saberlo y no aplicarlo es igual a no saberlo. Una persona que no lee vale lo mismo que una que no sabe leer. ¿Crees que una mujer que tiene ocho hijos descuidados sabe más de criar hijos que una mujer que no tiene ninguno? ¿Crees que un hombre que trabaja de vendedor hace veinte años y gana cierta cantidad de dinero sabe más de ventas que un hombre que recién comienza a trabajar de vendedor y gana lo mismo?

Tiempo ≠ experiencia
Cantidad ≠ calidad
No confundas vivir con durar.

No existen caminos rápidos ni estrategias mágicas. La gente se anota en los gimnasios en la primavera y espera estar en forma para el verano. Esto no es posible. Todos los procesos tienen un tiempo de gestación que hay que respetar. Nueve embarazadas no pueden tener un hijo en un mes.

De todos modos, el tiempo no tiene por qué ser una circunstancia o un factor negativo, si logramos disfrutar de lo que hacemos, el tiempo entonces será de valor y calidad. La clave consiste en disfrutar del viaje, la gente precipitada por lo general se la pasa añorando el mañana y las personas melancólicas pasan sus días recordando el pasado. Ninguno de los dos disfruta el presente.

Capacítate

Este material únicamente dará los pasos generales para lograr lo que quieres, pero este es solo el comienzo, luego tienes que adquirir el material acorde al área en el que quieres desarrollarte. Si piensas que la capacitación cuesta cara, prueba entonces con la ignorancia. La ignorancia y la necedad no son otra cosa más que decisiones. La información hoy día está al alcance de todo mundo, ya no tenemos la excusa de que no aprendemos porque no tenemos dinero, existen miles de alternativas para aprender, estudiar y capacitarse, costosas y gratuitas. Hay personas que ya no quieren aprender nada más, y aunque la información se multiplique de manera exponencial cada día y prácticamente cada hora y sea cada vez más accesible, hay gente que cerró su mente a seguir aprendiendo, sostienen que ya saben lo suficiente, o lo necesario para sobrellevar su vida o que son viejos para aprender cosas nuevas, como por ejemplo las relacionadas con la tecnología. Y olvidan que la información lo es todo, la información es lo único que me puede ayudar a decidir, yo puedo decidir en base a la información que tengo, sino tengo la suficiente información no puedo decidir libremente o de manera amplia, en cambio cuando yo conozco la información puedo tomar una decisión concreta que me ayude a forjar mi propio destino. Porque esa decisión sostenida con una determinación que no me permita volver atrás y apoyada por una fuerte disciplina puede ayudarme a alcanzarlo todo.

Entusiásmate

Si me gusta lo que hago, lo hago cada vez mejor y como soy bueno en lo que hago, cada vez me gusta más. Si en cambio creo que soy un fracasado, entonces elaboro una personalidad que fracasa y luego con cada fracaso reafirmo mi creencia de que soy un fracasado. Entusiásmate cada vez que vayas a realizar una acción que te acerque a tu meta y recuerda que en todo caso fracasan las acciones, no las personas.
El entusiasmo es generado por la pasión y la pasión proviene básicamente de dos cosas:

1) Motivación.
2) Placer.

La primera, como ya dijimos, parte de la información, esa información nos da un motivo, un impulso que nos obliga a ir en busca de eso que tanto queremos. Y la segunda es encontrar algo que realmente amamos hacer. Que se pueda combinar la obligación con la gratificación, el deber con el placer, que nuestro trabajo sea nuestro hobby, que esperemos ansiosos el momento de ir a trabajar y no el momento de dejar de trabajar, es signo de que hemos encontrado realmente lo que amamos, si lo amamos estaremos motivados a hacerlo, sentiremos placer y entusiasmo cada vez que tengamos la oportunidad de ponernos manos a la obra.

Cree

A partir de ahora quiero que me des una oportunidad, quiero que tengas fe en que todo lo que vas a leer, va a ayudarte de una u otra forma. Si ninguno de mis discursos te convence o entusiasma, al menos sabrás el tipo de técnicas que no debes utilizar para llegar a tus objetivos. Existen miles de autores, y aunque todos tenemos más o menos las mismas ideas, porque la lógica y el estudio nos ha conducido por diferentes caminos a las mismas conclusiones, ellos quizás puedan explicarse mejor que yo o puedan tener mejor llegada a ti, pero te insto a que sigas buscando, a que no te rindas. Si este material no llegara a ayudarte, te pido disculpas, pero no pierdas la fe. Sigue buscando y encontrarás.

Quizás la fe es el ingrediente más importante que debemos tener en cuenta. Si vamos en busca de algo sin creer en nosotros mismos, sin creer que lo podemos lograr es muy difícil que lo podamos conseguir. La fe es la certeza de lo que se espera, la convicción de lo que no se ve.

Persiste

Cuando éramos niños y no sabíamos andar en bicicleta, ¿hasta cuándo dejamos de intentarlo? Seguramente hasta que lo logramos, de otro modo hoy no sabríamos andar en bicicleta. Entonces si cuando intentamos andar en bicicleta, no nos rendimos hasta que lo logramos, ¿por qué abandonamos otras cosas? ¿Por qué abandonamos nuestros sueños y objetivos?

Algo nos sucedió en el camino y suplantamos la confianza por limitaciones, el empuje por el desánimo y la ilusión por el desencanto. De niños no tenemos límites, creemos que todo es posible, por eso persistimos y alcanzamos nuestros objetivos, si tuviéramos que aprender a caminar de grandes, seguramente un 50% de la población mundial no sabría caminar. Porque cuando somos adultos la mayoría de nosotros intentamos las cosas un par de veces y si no las logramos, las abandonamos.

CÓMO ESTÁ DIAGRAMADO ESTE LIBRO

Este libro está diseñado bajo el Sistema de Inmersión que es casualmente el Principio número 7. Utilizaré tus sentidos para que la información quede impresa en tu mente subconsciente y no puedas olvidarla nunca más.
Por otra parte, lo he diagramado utilizando varios recursos para que la información que te ofrezco pueda ser asimilada por diferentes tipos de canales, independientemente de cuál sea tu forma de aprender más compatible.

Imaginativa: te pediré que imagines situaciones extraordinarias porque es el método que tiene el cerebro para imprimir recuerdos, a través de la asociación y la analogía. En estas situaciones que pretendo proyectar en tu mente y hacerte partícipe de ellas, lograrás comprender y tenerlas siempre presente, ya que nos resulta más fácil recordar un cuento que un concepto científico.

Teórica/explicativa: te explicaré detalladamente para que puedas comprender el contenido impreso en este texto, podrás llegar a través de secuencias lógicas a entender la congruencia de lo que quiero explicarte. He quitado todo lo que no pueda ser comprobado mediante el razonamiento y he dejado solo la información contundente que puede explicarse sola. Cuando la información es un silogismo de sí misma, no tiene objeciones dentro de la lógica.

Gráfica: diseñados para generar el impacto visual que pueda almacenar tu mente y simplificarte el proceso de aprendizaje, en concisos cuadros sinópticos o resúmenes de palabras clave para que puedas identificar visualmente los procesos que te permitirán recordar los conceptos.

Interactiva: serás parte de este libro respondiendo a los cuestionarios organizados para que examines tu vida y lo que estás haciendo con ella. Al responderlos podrás hacer una evaluación consistente dentro de ti mismo, que te permitirá reflexionar acerca de tu propia realidad.

Práctica: te daré actividades para que al realizarlas puedas poner en marcha cada uno de los principios.

Manipulativa: voy a manipularte y lavarte el cerebro para que ciertos conceptos queden impregnados en tu mente y no puedas olvidarlos, pero para eso necesito tu ayuda, debes dejarte manipular. El lavado de cerebro funciona en todos los casos de la misma manera, se trata de vaciar tu cabeza, desligarla de antiguos conceptos o preceptos, e introducir nuevas ideas, la catarsis (utilizada por las sectas religiosas) es una técnica que da mucho resultado, la degradación del ser (utilizada por el ejército) es también un método muy eficaz. Sin embargo, lo que ellos logran es generar una dependencia o resentimiento oculto hacia esas instituciones, destruyen una parte psicológica de la persona y lo que yo pretendo está muy lejos de eso. La técnica que utilizaré no es tan eficaz, salvo que tú permitas que lo sea, la he llamado "de restructuración mental" en la cual sin utilizar el asentismo ni nada por el estilo, voy a llevarte por medio de una específica programación que quedará instalada en tu mente subconsciente como patrones mentales, por medio de secuencias lógicas combinadas con instrucciones que tu mente debe seguir, para lograr un vaciamiento de tu cerebro y de esta manera estarás listo o lista, para recibir nueva información. Pero esto solo puede suceder con tu consentimiento, por eso he realizado este libro con descripciones, ejemplos, y analogías que nunca has leído en ningún otro libro de superación personal, para eso tuve que renunciar a miles de sistemas y métodos que sé que dan resultado para no correr el riesgo que te suene a que ya los has oído antes. Quiero que me des la autorización para poder entrar en tu mente e instalarle nuevos conceptos, para que pueda reestructurarla y ayudarla a evolucionar en su manera de pensar. Necesito que creas que todo lo que voy a decirte te va a servir de por vida, y si no es así solo perderás un poco de tiempo. Compáralo como el ateo que busca la existencia de dios, si dios no existe no perderá nada, pero si dios existe, entonces habrá ganado todo. Este libro es igual, si no te da resultado no perderás nada, pero si te da resultado podrás lograrlo todo.

PRINCIPIO 1
"INERCIA"

De pronto te encuentras en tu cama, estás acostado, pero no durmiendo. Piensas en todas las cosas que te gustarían en tu vida, tal vez en los seres que más amas, y algunas situaciones simples que quizás te sucedieron durante el día. En un momento, una luz abre el techo y de ella cae ante ti, una figura celeste. Sorprendido, te paras contra la pared sobre la cama sin saber qué hacer. Al principio sientes miedo, pero a los pocos instantes te das cuenta de que ese ser no ha venido a lastimarte.

El ser celeste te habla sin pronunciar palabra y te dice que va a darte todo lo que pidas. Pero te advierte: "si pides riqueza te costará tus ojos, ya nunca más podrás ver", "si pides fama te costará tu piel y tu sentido del tacto, ya jamás podrás sentir el contacto con nadie", "si en cambio pides poder, te costará la lengua y el oído, y nunca podrás expresar u oír más nada", y por último te dice que "si pides sabiduría te costará tu olfato". Te quedas pensando un momento y te das cuenta de que no quieres pedir nada. El ser celeste desaparece y vuelves a recostarte. De repente la luz del techo por la que había bajado este ser, comienza a arder y la habitación se queda en llamas. El fuego alcanza tus ojos y los quema por completo provocándote un dolor insoportable. Cuando intentas gritar, las llamas se meten por tu boca, nariz y oídos. Caes desmayado y el fuego sigue ardiendo quemándote toda la piel. Los bomberos te rescatan agonizando, casi de milagro y te llevan al hospital, aunque sin muchas esperanzas de que puedas salvarte. Tu condición es desesperante. Estás en la completa oscuridad, no ves, no oyes, no puedes hablar, no sientes el tacto y no hueles nada. Lo único que te queda es tu imaginación. Puedes imaginar situaciones y proyectarlas en tu mente casi como si se trataran de una película, pero en algún momento sabrás que no son reales. Así transcurre todo el resto del día, hasta que de pronto se abre nuevamente el techo del hospital en el que estás y el ser celeste aparece una vez más. Te habla, pero sin pronunciar palabra y te dice que tienes este día como un regalo para ti, para trabajar en lo que te gusta, para estar con tus seres queridos, para hacer ejercicio, para disfrutar de la comida que te más te apetece, para leer tu libro favorito, para escuchar la música que te alegra el corazón, para acariciar y abrazar a las personas que amas, para crear, para sentir el aroma de un buen perfume, para mirar esa película que querías ver y para agradecer por todo lo vivido... pero que al final del día todo terminará, ya no verás, no escucharás, no palparás, no podrás oler y no podrás hablar. Tú le dices gracias. Y el ser celeste se queda pensando un segundo y te pregunta ¿acaso antes de que todo esto te sucediera cuando te acostabas a dormir cada noche, no perdías la noción de los sentidos y el control de tu cuerpo? Cuando duermes no puedes correr o gritar, no ves lo que hay a tu alrededor, no puedes tocar a nadie, no oyes y no hueles. Solo puedes ver películas producto de tu imaginación y subconsciente. Ahora ¿por qué cuando despiertas no haces todo eso que quieres hasta que el sueño vuelva a sorprenderte y privarte nuevamente de tus sentidos? ¿Por qué cada mañana no despiertas pensando en disfrutar del día al máximo?

Sin detenerte

Si a diario no te estás acercando a tu meta, entonces a diario te estás alejando de ella.

La inercia es la propiedad que poseen los cuerpos de permanecer en su estado de reposo o movimiento mientras no se aplique una fuerza a ellos, también podría ser definida como la resistencia que opone la materia al intentar modificar su estado. Lo que nos proponemos es apoderarnos de las cualidades de esta fuerza y hacerla parte de nuestra rutina diaria para mejorar nuestros resultados y obtener un crecimiento en nuestra vida.

Muchas veces no hacemos siquiera la mitad de todas las cosas que podríamos hacer, nos perdemos en excusas que nos inutilizan, nos entretenemos en pasatiempos torpes o nos estancamos por la burocracia y **la burocracia es el escudo de la incompetencia**.

El objetivo de este Principio es lograr esa inercia de salir de un trabajo e ir hacia otro, ir al gimnasio o practicar algún deporte, tener tiempo para hobbies, amigos, familia y recreación. Porque la inercia es una fuerza activa similar a una bola de nieve que crece exponencialmente hasta que se torna imparable. A partir de hoy, el significado de la inercia será parte de tu vida y cada vez que te preguntes por qué las cosas no te salen como quisieras, por qué estás tan cansado y sin ánimos de hacer nada, sabrás que es exclusivamente por tu falta de inercia. **"El cuerpo humano es la única máquina que mientras menos hace, más cansado se siente y mientras más duerme, más sueño tiene"**. No podrás olvidar esta frase nunca más.

Este Principio solo puede alcanzarse mediante un determinismo autoprovocado, pero, aun así, inicia desde otro parámetro: el conocimiento. Y más específicamente el conocimiento de lo que quiero. Conocer con exactitud qué es lo que quiero es precisamente lo que me dará impulso, ese será mi motor de arranque. La vida es como andar en bicicleta, hay que mantenerse en movimiento para no perder el equilibrio.

Comparémoslo con un automóvil: el conocimiento es la llave. La motivación es el motor. La inercia es lo que mantendrá andando el automóvil cuando el combustible se acabe. Ese *deseo apasionado,* será mi motivación, es decir será el motivo por el cual no pueda descansar, será lo que forje en mi carácter, una *voluntad inquebrantable.*
¿Qué es lo que quiero? Y ahora, dentro de lo que quiero ¿Qué es lo que puedo? Porque debo ser realista, aunque a mí me encanta decir que nada es imposible, que uno puede lograrlo todo, si no soy más preciso estaré fuera de la realidad. Una persona de setenta años no puede ser acróbata por mucho que lo intente y por más motivación que tenga. **Cuando hablo de que podemos lograrlo todo, hablo del viaje que emprendemos para lograrlo todo**. En el transcurso de este libro aprenderemos que las metas no son tan importantes como emprenderlas, que no es importante lo que obtenemos sino en quién nos convertimos en el trayecto.

De esta manera la inercia queda conformada por cinco factores esenciales:

DESEO APASIONADO
VOLUNTAD INCANSABLE
CONVICCIÓN INQUEBRANTABLE
DOMINIO ABSOLUTO
PERSISTENCIA ETERNA

Lo que sucede si nos detenemos es que nuestro cuerpo se estanca y nuestra mente se aletarga. Cada minuto desperdiciado en la inactividad es un paso más hacia la inutilidad, cada espacio dedicado a la pereza es un activador de mediocridad y cada cosa nueva que no aprendemos es un escalón más hacia la ignorancia.

Mucha gente pasa su vida dejando el tiempo estancado y vive una inamovible comodidad que se convierte en impasibilidad. A partir de hoy esos son los caminos que deberé esquivar. No debo detenerme entonces, porque solo al mantenerme en movimiento constante alcanzaré la inercia necesaria para llegar a mis objetivos.

La mente y el cuerpo son perezosos

Me siento a leer un libro, leo algunas páginas y a los pocos segundos estoy divagando y pensando en otras cosas. Mi mente se aburre o intenta redireccionar el objetivo que le estoy imponiendo, si fuera decisión de la mente, dejaría de lado el libro en el primer párrafo. Pero hay otra fuerza que le dice: "vamos concéntrate en la lectura", allí la mente comienza a trabajar, recibe información, la analiza y hasta se sorprende de lo capaz que es de resolver y crear.

Estoy corriendo una maratón, no falta mucho para llegar y mi cuerpo ya empieza a dar señales de lo cansado que está, y comienza a decirme que quiere detenerse, sin embargo, en ese momento una fuerza lo empuja para que continúe corriendo. El cuerpo ya se rindió mucho antes, pero obedece y llega a la meta.

Esa fuerza es el espíritu. Existen muchas interpretaciones acerca del espíritu: algo invisible a los ojos que da indicación de fuerza en movimiento. Un principio impulsor del ánimo o esencia inspiradora. Un vigor natural o fortaleza que orienta a obrar. Cualquiera de estos significados es válido para entender qué es el poder que nos induce hacia los objetivos. Una vez que entendemos esto, podemos vislumbrar que el espíritu en realidad no trabaja solo, sino más bien en conjunto. Por eso necesita adaptar a la mente y el cuerpo. Un espíritu enérgico forjará una mente y un cuerpo enérgicos.

De esta manera, cada vez que nuestra mente o nuestro cuerpo se sientan agotados, debemos recurrir a nuestro espíritu para que les ordene continuar, es el único con la facultad de hacerlo. Mantener un espíritu fuerte va a depender de la manera en que seamos fieles a nosotros mismos, en la capacidad que tengamos de sostener una decisión o de cumplir una promesa. Mantener un espíritu fuerte tiene que ver con la determinación y la convicción. Si somos capaces de eso, somos capaces de cualquier cosa.

Mentalidad líder

¿Cómo lograr que el trabajo de la mente sea sustentable al trabajo del cuerpo y del espíritu? Muy sencillo, la mente requiere ejercicio constante y refuerzo de conceptos. Mantenernos en control de nuestra mente es una lucha continua. A cada instante se presentan situaciones que desgastan nuestro cerebro, todo lo que pensamos nos quita energía, por eso es muy importante seleccionar cuidadosamente en lo que pensamos.

La mente sigue indicaciones, pero no sigue órdenes, por eso es tan difícil dejar una droga o el tabaco, porque nos ordenamos no fumar más, pero nunca nos indicamos no hacerlo. Porque en realidad cuando queremos dejar una droga lo hacemos desde lo emocional por el daño que nos está causando, pero nunca desde lo racional. Cualquier mensaje que el cerebro recibe es decodificado para más tarde ser interpretado. Esa interpretación es tu elección. La interpretación que hagas, disfrútala porque tú la elegiste. La mente no tiene sentido del humor, por lo tanto, cuando hacemos bromas acerca de nosotros mismos, ese mensaje es recibido e interpretado como una realidad y el cerebro actúa en base a esa indicación. Y por último la mente no conoce la diferencia entre la realidad y la ficción, por eso lloramos o nos emocionamos cuando estamos viendo una película triste, aun sabiendo que son actores y que están cobrando una fortuna por ese trabajo. La mente es gobernada por el espíritu. Si la mente tuviera que elegir entre leer o mirar un programa de entretenimientos, elegiría siempre la segunda opción. Sin embargo, es nuestro espíritu quien la obliga y le exige ponerse a trabajar. La mente te obedece, pero solo si tú le das las indicaciones adecuadas, sino prefiere no hacer nada. **Lidera tu mente y tu mente te convertirá en un líder.**

Para aplicar la mentalidad líder es necesario establecer una serie de parámetros de pensamiento selectivo:

- Pensar solo en positivo, pensar que cualquier problema tiene solución y no que cualquier solución tiene un problema.

- Redireccionar los pensamientos, concentrarnos en el foco de la solución y no en el foco del problema.

- Interpretar: la mejor interpretación de la realidad está igual de cerca que la peor interpretación, lo único que las separa es tu decisión.

- Pensar en planear, no en pasar el rato.

Vitalidad máxima

El primer factor que considero que es la clave no solo para este principio sino para todos los principios que menciono en este libro, son los rituales que tenemos en las cosas más simples e indispensables. El objetivo es lograr la inercia, pero la inercia no se puede lograr sin energía, sin vitalidad óptima. Tener inercia es comenzar el día desde muy temprano y utilizar las primeras horas para cargar tu cuerpo de la vitalidad necesaria para que se mantenga activo y productivo durante todo el resto del día. Ahora no solo la mañana es el momento de cargar tu cuerpo de energía, aunque sí el más importante de todos. Llevar una alimentación adecuada durante todo el día, comer cada tres horas para que metabolismo nunca se vuelva lento y nos haga subir a pesos que nos quitarían muchísima energía, es tan importante como beber agua para mantenernos hidratados y que nuestro cuerpo trabaje adecuadamente.

Tenemos preferencia por los alimentos ricos en grasas y calorías porque nuestro gusto se adaptó a ello hace millones de años en nuestro pasado nómade. Cuando el ser humano debía recorrer grandes distancias en busca de alimento, solo lograban dicha travesía quienes tenían reservas de calorías en su cuerpo, esto quiere decir, personas con más de cien kilogramos o doscientas libras de peso. Los demás morían en el intento. Hoy día no solo hemos abandonado nuestro pasado nómade, sino que nos hemos vuelto al sedentarismo. Por lo tanto, es de primordial atención que busquemos la forma más adecuada de alimentarnos, si queremos estar siempre cargados de energía.

Levantarse bien temprano no solo para obtener energía anticipada, sino para disfrutar del comienzo del nuevo día. Lo primero que tengo que hacer y quizás lo más importante es beber agua, para antes del mediodía ya debería llevar cerca de los dos litros de agua y luego tener un desayuno abundante, rico en fibras, frutas, yogurt con cereales, leche, pan negro, claras de huevo (no fritas). Aguardar media a una hora aproximadamente para que ese desayuno cargue mi cuerpo de reservas de energía y comenzar con una rutina de ejercicios. Puedo comenzar con ejercicios anaeróbicos tales como musculación o levantamiento de pesas, y luego algunos minutos de aeróbicos y terminar la rutina con estiramientos y elongación de todos los músculos.

Ahora debes premiar a tu cuerpo, recompensarte a ti mismo por haberte cargado de energía, para eso puedes darte un buen baño caliente, masajes, sauna, yacusi o lo que fuera. Finalmente necesitamos mínimo diez minutos para relajarnos, de preferencia acostados y meditar. Luego de esto estamos preparados para poner en práctica el primer Principio de este libro que va a cambiar tu vida.

Piensa en el resultado

En realidad, no queremos hacer nada. Si pudiéramos elegir, preferiríamos quedarnos durmiendo. Pero si pensamos en el resultado que nuestras acciones tendrán, entonces sí, nos ponemos en movimiento. Los resultados que queremos obtener tienen que ser el impulso, el motor de arranquo. Luego la inercia actuará de manera automática. Aprender un idioma nuevo es difícil, aprender el segundo, es un poco más sencillo, allí se comienza a entender la lógica de los idiomas. Casi todos siguen una lógica que una vez descifrada, el resto es solo cuestión de memorizar palabras. Con las artes marciales ocurre lo mismo, y me atrevería a decir que con casi todas las cosas pasaría algo similar. La inercia es una fuerza universal que podemos poner a nuestra disposición y utilizarla para nuestros propósitos. Trabajándola de manera adecuada nos otorgará excelentes resultados.

La inercia es la práctica continua de la disciplina, y disciplina es la obediencia de los conceptos que me van a llevar a mi objetivo, sin importar lo que suceda o las ganas que tenga de hacerlo, disciplina es sacrificar lo que quiero hoy, por lo que sé que voy a querer más adelante. Uno de los métodos más contundentes que he encontrado para obtener disciplina es no pensar en lo que tengo que hacer, sino en los beneficios que ello me proporcionará. Transportarse al resultado que obtendremos una vez que ese trabajo esté realizado, para no pensar en lo tedioso que ese trabajo nos resulta.

La inercia es una fuerza que continúa, aunque todo se detenga, sin embargo, quedarse despierto y trabajar cansado hasta altas horas de la noche, no siempre es productivo, por lo general en lugar de adelantar estás atrasando, porque esas horas que podrías dedicar a un sueño reparador, que determinarán que te levantes con mucha más energía para poder lograr una jornada de productividad máxima al día siguiente, las estás desperdiciando en fracciones de escasa productividad.

Concentración y reconcentración

Creemos que, si no nos enfocamos en una sola cosa, nunca llegaremos a nada, pero eso no es del todo cierto, porque en realidad el problema no radica en hacer una o diez tareas, sino en que cuando estamos concentrados o decimos estar concentrados en una cosa y eso nos demanda todo el día, significa que no lo estamos. Si verdaderamente estuviéramos ocupados en una sola actividad durante ocho horas consecutivas, esa tarea nos hartaría, nos aburriría hasta el cansancio. Por lo general, estamos haciendo algo y somos interrumpidos por un sinfín de entorpecedores. Una llamada telefónica que obviamente atendemos, (no podemos permitir que el teléfono suene) mientras queremos entrometernos en la discusión que están teniendo nuestra pareja con nuestro hijo, dos de nuestros compañeros de trabajo, o el vecino. Dejamos la tarea de lado unas cinco veces para ir al baño, diez veces para estirar los músculos, dos veces para tomar un descanso, cuatro veces para comer, quince veces para atender el teléfono y unas veinte para mantener conversaciones superfluas. Por lo que nuestro tiempo de concentración se reduce a dos horas como máximo. Lo que necesitamos saber es que la reconcentración es lo que más desgasta a nuestro cerebro. La mente no se agota tanto al intentar enfocarse en algo como al intentar volver a enfocarse en lo mismo.

Organizar metas

Muchas personas dicen que no se pueden hacer muchas cosas, que es mejor especializarse en una sola. Yo creo que eso lo debe elegir cada uno. Hace tres siglos atrás, la memoria de trabajo era prácticamente insignificante, un ciudadano común solo tenía en su memoria operativa: el estado del tiempo, cómo andar a caballo, apenas leer, vestirse, comer, y algunas pocas tareas más. En comparación con lo que hoy necesita una persona para desenvolverse en la sociedad actual, lo que se requería en un pasado puede resultar increíble. La memoria operativa en la actualidad deberá estar bien desarrollada en: qué es un teléfono celular, los diferentes timbres, qué significa cada uno, manipulación de un DVD, TV, microondas, computadora, controles remotos, automóviles, semáforos, ascensor, señales, economías, negocios, deportes, idiomas y tantos miles de cosas más.

Nuestro cerebro es bombardeado por una cantidad de información que, si la trasladamos a unos trescientos o cuatrocientos años atrás, un hombre de ese entonces se volvería loco al tratar de decodificar cada una de las cosas que nosotros realizamos de manera automática. Nosotros estamos trabajando en la computadora, actividad que de por sí requiere de mucha memoria para saber utilizarla, pero además atendiendo un programa de TV, al mismo tiempo que enviamos un mail, jugamos póker on-line, e interactuamos con la persona que tenemos al lado, oímos la alarma del microondas que nos avisa que la comida ya está caliente, suena el teléfono celular, atendemos porque tenemos guardado en nuestra cerebro, cuál es el timbre de los mensajes, de un llamado y cuál el que indica cuándo se está acabando la batería. Sin quitar la mano del ratón de la PC, conversamos por teléfono y continuamos trabajando en programas extremadamente complejos, de diseño gráfico, arquitectura, programación, edición de cine o música, que además de la utilización de la memoria requieren de nuestra creatividad.

¿Algo le impide a una persona que es buena en matemáticas ser buena en deportes? ¿Hay alguna ley física que prohíba a un ser humano saber de arte y de medicina? No. Porque una persona puede ser tan sabia como decida serlo. Existe mucha gente que ejercita mucho la mente y deja de lado el cuerpo o no le da importancia a la creatividad. Hay personas que se enfocan en los negocios y dejan de lado a su familia o las relaciones afectivas. Tarde o temprano quieren recuperar el tiempo perdido y eso es tan absurdo como imposible.

La inercia activa, solo cobra valor en las siete áreas que forman el equilibrio: espiritual, económico, físico, mental, recreativo/social, sentimental y laboral. El secreto reside en el tiempo de calidad que le dediquemos a cada una de las áreas. Tiempo concentrado y de valor, sin interrupciones ni estancamientos. Enfocados realmente en lo que estamos haciendo. Para poder atender a cada una de las metas que tenemos, solo basta con organizar los objetivos en niveles de importancia y magnitud. No estamos obligados a dejar nada de lado. Es mentira que el tiempo no alcanza, la gente dice que no le alcanza el tiempo y pierden horas frente al televisor, horas hablando estupideces, discutiendo trivialidades o sobre deportes que no practican, en pasatiempos que demandan más energía y concentración que los resultados que devuelven. Piensa un instante y responde: ¿es verdad que no te alcanza el tiempo?

La misma película

Si voy al cine todos los días a ver la misma película, es inevitable que me la aprenda de memoria. Que cada vez le preste más atención a los detalles e incluso aprenda cosas que nadie tiene en cuenta, como los extras, los sonidistas, etcétera.
Esto me conduce a afirmar que la práctica y la repetición me hacen un experto. Este concepto habla de las cosas que hacemos a diario, que marcan la diferencia.

Con la aplicación de la inercia se tiene que alcanzar la fluidez. ¿Recuerdas el primer día que fuiste a aprender a manejar? ¿O la primera clase de guitarra? Te sentiste que no entendías nada, que nunca ibas a poder, y hoy, siquiera prestas atención a lo que haces mientras manejas, porque la fluidez con que lo haces pareciera ser automática. Luego de realizar las cosas tan espontáneamente que se vuelven automáticas, podremos comenzar a corregir esos pequeños detalles que hacen a la perfección, para alcanzar la excelencia en nuestros resultados.

INERCIA → FLUIDEZ → AUTOMATIZACIÓN → PERFECCIONAMIENTO → EXCELENCIA.

Ahora, cuando hablamos de la misma película, resulta que lo venimos haciendo durante toda nuestra vida. Vimos la misma película una y otra vez, el film de nuestro fracaso. Nos convertimos en expertos en diálogos inertes, maestros del "no queda otra", genios de dormir y descansar, eruditos de "no puedo".

Evitemos caer en la trampa de elegir las películas equivocadas:

- ✓ Mirar televisión hasta altas horas de la noche.
- ✓ Trabajar solo cuando el jefe nos está mirando.
- ✓ Dormir siestas de cuatro horas.
- ✓ Hablar sobre la vida de otras personas.

La misma película es el aprendizaje continuo, el desarrollo creciente de una actividad por repetición, en la que me quiero perfeccionar. Nos ocurre en todos los aspectos de la vida sin que lo notemos, así se generaron todos nuestros hábitos.

No nos obliguemos a la mediocridad, no nos implantemos estupidez, no nos autolimitemos porque nos estamos haciendo tontos a nosotros mismos. Si vamos a mirar la misma película, que sea la película del éxito de nuestra vida.

Atacar por varios frentes

Si tenemos un negocio de venta de muebles y mañana usar muebles se torna anticuado y la gente comienza a guardar las cosas en canastas que se fabrican con una maquinaria de la cual nosotros no disponemos, entonces

nuestro producto se vuelve obsoleto, tal y como le pasó al cableado de teléfono con la llegada de la telefonía móvil, y de la fibra óptica, o con las fábricas de relojes despertadores. Sin embargo, si atacamos por varios frentes, si tenemos un negocio de ropa, otro de comida rápida y otro de servicio técnico de PC, contaremos con una ventaja que nos proporcionará una cierta seguridad. Quizás la gente mañana no consuma más comida rápida, pero siempre va a tener que vestirse, o quizás ya no se vista con nuestra ropa, pero va a necesitar alguien que le arregle la PC. Entonces atacando por varios frentes es más fácil ganar. O menos posibilidades tenemos de quedar obsoletos al 100%. Lo mismo sucedería en el caso de tener un solo trabajo. Hasta que no seamos dueños de nuestro propio negocio, tener un solo empleo es un riesgo. ¿Qué pasa si nos despiden? Seguramente se caería a pedazos el edificio que venimos levantando.
Atacar por varios frentes significa prever que las cosas no sucedan, tener siempre una carta bajo la manga. Aunque las personas piensen que es una pérdida de tiempo innecesaria, quedarnos sin trabajo significa una pérdida de tiempo mucho mayor.

Atacar por varios frentes significa no solo tener un trabajo, un hobby o una ocupación alternativa, sino contar además con un plan de respaldo y con una última alternativa, por si todo esto falla.

■ **Plan maestro**

■ **Plan de respaldo**

■ **Última alternativa**

■ **Trabajo**

■ **Hobby**

■ **Inversión a largo plazo** (actividad que no requiere mucho tiempo y puede traer utilidades)

La huelga japonesa

¿Sabes lo que hacen los trabajadores japoneses cuando quieren hacer huelga? Trabajan el doble. Saturan la producción. Esto puede ser tomado como ejemplo de lo que nos sucede a veces cuando no queremos hacer nada, cuando estamos realmente agotados ¿lo estamos? Lee la siguiente situación hipotética y contesta con sinceridad: estás agotado, te recuestas un minuto, tu mente está saturada y tu cuerpo muy cansado. Además, estás deprimido porque tu pareja te dejó. De repente suena el teléfono y es ella. Te dice que quiere verte en ese mismo momento. Lo más probable es que te levantes y salgas corriendo a encontrarla. ¿Y la depresión, el cansancio y el agotamiento que teníamos? ¿Dónde ha quedado?

Muchas veces confundimos la idea del cansancio con el cansancio en sí. Ciertas veces creemos que estamos cansados de trabajar, cuando en realidad, lo estamos, pero de trabajar en determinadas condiciones, ocupaciones o espacios. Y pronto nos damos cuenta de la cantidad de energía que teníamos, ni bien cambiamos nuestras circunstancias.

Actuemos entonces como si estuviéramos en una huelga japonesa, produzcamos el doble cuando más cansados estemos.

Día de estreno

Renovación es el pilar de la motivación, es el impulso de la inercia, afilar nuestra espada antes de cada batalla. Sea cual fuera la actividad que realicemos, la realizaremos mucho mejor si renovamos nuestro repertorio de manera periódica. Para un chico, el mejor día de todo ciclo escolar, sin duda será el primer día de clases. El primer día sentirá un entusiasmo particular por estrenar útiles nuevos, zapatillas, bolso, etcétera. Para un deportista entrenar con vestimenta nueva y confortable es un incentivo extra. El mejor momento de una relación de pareja es la primera cita.

El secreto para activar la inercia diaria es el estreno constante o la sensación de estreno constante. La reforma del itinerario. La reorganización de conceptos.

Algunas sugerencias para implementar, para dar inicio a la técnica del día de estreno:

- Dar vuelta la página, empezar una nueva hoja. Si comenzamos nuestra agenda en una página ya escrita nos da la idea de inconclusión, de que estoy atrasado, terminando el trabajo de ayer en lugar de comenzar con lo nuevo.
- Renovar nuestro vestuario, corte de cabello, hacerse un tatuaje.
- Esto también es aplicable a nuestro entrenamiento físico, si hacemos siempre la misma rutina nuestro cuerpo se estanca.

- Inventar nuevas maneras de hacer las cosas, estar siempre bien dispuestos a los cambios.

Existen dos tipos de renovación: la continua y la cotidiana

La renovación continua significa establecer lapsos cortos de tiempo productivo, puede variar entre los cuarenta minutos y las dos horas, por dar una cifra aproximada. Allí se descansa, se despeja, se estiran los músculos, se medita, se cambia de posición y se sigue adelante. Concentra su fuerza en la recarga de energía constante, esto evita el desgaste y los errores por cansancio.

La renovación cotidiana se da al final de una jornada de entre ocho y catorce horas. El problema que se suscita en la renovación cotidiana es que cuando se alcanza el objetivo, se lo hace mucho más rápido, pero se llega tan desgastado que no se disfruta con la misma intensidad. También puede tener de desventaja, una baja competitividad al final del periodo.

Renovación continua	Renovación cotidiana
▪ Estar al 90% todo el tiempo	▪ El último estadio de tiempo el desempeño es mediocre
▪ Calidad de producción óptima	▪ Calidad de producción anodina
▪ Desgaste perfectible	▪ Desgaste profundo
▪ Tiempo de recuperación estrecho	▪ Tiempo de recuperación prolongado

CUESTIONARIO INTERACTIVO

1-¿Algo le impide a una persona que es buena en matemáticas ser buena en deportes?

2-¿Hay alguna ley física que prohíba a un ser humano saber de arte y de medicina?

3-¿Te sientes demasiado cansado/a para hacer algo más en este día?

4-¿Es realmente cierto que no sirves para otra cosa que para las pocas cosas que haces a diario?

5-¿Cuándo fue la última vez que intentaste hacer algo nuevo?

6-¿Qué sucedería si trabajaras una hora más por día?

7-¿Qué sucedería si a tu agenda agregarás cada semana una actividad nueva?

8-¿Qué actividades realizas a diario que te cargan de energía?

9-¿Cómo es tu dieta? ¿Te otorga energía o te la quita?

ACTIVIDADES

1-Consíguete una agenda.

2-Comienza por hacer algo nuevo este día.

3-Haz una lista de todas las cosas que siempre quisiste hacer. Ahora trata de ubicarlas en el día.

4-Realiza una buena dieta, con seis comidas diarias. Incorpora colaciones y comienza a basar tu alimentación en proteínas, carbohidratos, frutas, cereales, jugos naturales y verduras.

5-Ejercítate a diario.

6-Consulta con expertos, médicos y agrega a tu dieta suplementos dietarios. Estos son indispensables para una persona con muchas exigencias.

7-Descansa adecuadamente. Duerme mínimo 8 horas diarias.

8-Renuévate continuamente. No solo mentalmente con meditación y afirmaciones positivas, sino en tu vestuario, en tu casa, trabajo, rutinas y hasta en tu forma de peinarte.

9-Un día de cada mes, prueba quedarte despierto 24 horas seguidas, te recomiendo el último día laboral, y realiza todas las tareas que puedas. No hagas esto más de una vez por mes o te desgastarás innecesariamente.

PRINCIPIO 2
"TEMPORALIDAD"

Estás en un consultorio médico haciéndote un examen de rutina. De pronto te quedas solo en el cuarto y a los pocos segundos el doctor entra con un sobre en la mano. Se sienta mirando hacia el suelo y te dice que tiene muy malas noticias. Cuando dice "malas noticias" sabes que te está preparando para lo peor. Sientes un miedo terrible acompañado de una incertidumbre exhaustiva. El profesional se sienta y te pide que te mantengas sentado. Abre el sobre y te dice que vas a morir. Tienes una enfermedad incurable y hacer el tratamiento a estas alturas, representaría una pérdida, no solo de dinero, sino también de tiempo que no te queda, por lo tanto te recomienda que en los próximos meses, hagas todo lo que siempre soñaste, que disfrutes al máximo el tiempo junto a tus seres queridos, que los abraces y les digas cuanto los quieres, que disfrutes de tu trabajo, de tus amigos, que realices con pasión tus hobbies, que hagas lo que realmente te gusta hacer y dejes zanjados todos tus asuntos.

Llegas a tu casa y comienzas a elaborar una lista con todas las cosas que siempre soñaste realizar para no perderte de nada, te das cuenta además que ciertas cosas no las habías hecho porque el miedo y la vergüenza te frenaban, pero ahora que sabes que vas a morir eso ya no resulta un obstáculo.

De modo que programas todas y cada una de las cosas que vas a hacer con el resto del tiempo que te queda de vida, para de esta manera aprovecharlo al máximo.

Ahora tengo dos preguntas: ¿acaso todo esto no es lo que deberías estar haciendo, aunque nadie te diera un diagnostico terminal? ¿Cuáles son esas cosas?

Tiempo es vida

En la película *Fight Club* el personaje interpretado por Brad Pitt apunta con un arma a un empleado de una tienda en la cabeza y le pregunta: ¿qué soñabas ser cuando eras más joven?, y el muchacho responde: "veterinario". Entonces Brad Pitt le dice: "mañana irás y te anotarás en la facultad para estudiar veterinaria, tengo tu registro con tus datos, dirección y demás, mañana pasaré a verte y si descubro que no estás estudiando veterinaria y que sigues trabajando aquí, iré hasta tu casa y te mataré". El hombre asiente asustado con la cabeza y sale corriendo. El compañero de Brad Pitt le pregunta: "¿por qué has hecho eso?" y él responde: "porque mañana va a ser el mejor día de toda su vida"

"Si vives todos los días como si fuera el último, un día tendrás razón". Solo se puede vivir haciendo de cuenta que nunca vamos a morir. Este concepto puede ser utilizado para encontrar en el hecho de que algún día vamos a morir, una fuerza para aventurarnos a hacer lo que tememos hacer, para quitarnos la vergüenza que nos frena a decir o hacer lo que sentimos. Pensar en la muerte, en el hecho de que vamos a morir algún día es una herramienta formidable para desprendernos de las cosas que no importan y que solo quede aquello realmente significativo.

Hacer que tu día valga la pena. Concentrar las energías verdaderamente en disfrutar de este viaje y no en un enfoque cegado sobre el objetivo. La gente piensa que tiempo es dinero, pero dinero no es tiempo. No existe cantidad de dinero suficiente para comprar otro día más de vida y créeme que cuando estés a punto de morir, serías capaz de entregar cualquier fortuna por un día más.

Volvamos a la situación que les mencioné en un principio, sitúate nuevamente en el consultorio y piensa si recibieras la noticia de que te quedan algunos pocos meses de vida, ¿qué cosas realmente quisieras hacer? ¿Qué puedo hacer para pasar un día genial? ¿Cómo puedo optimizar mi tiempo para hacer las cosas desagradables de la manera más rápida posible? ¿Si hoy fuese el último día de mi vida, quisiera hacer lo que hoy voy a hacer?

Plano de la vida

Has nacido en una ciudad o pueblo como cualquier otro. Eres tan solo un niño pequeño que no sabe hablar, no sabe caminar, no sabe cómo conducirse en la vida, todo lo va aprender a través del primer proceso de aprendizaje llamado la imitación.

He clasificado los procesos de aprendizaje en cuatro fases:

a) Imitación
b) Deducción y análisis
c) Pensamiento independiente
d) Sabiduría o búsqueda conocimiento. Sabio no es aquel que sabe todo, sino quien está siempre dispuesto a aprender algo nuevo.

Un niño prodigio comienza a desligarse del primer proceso de aprendizaje —la imitación— a partir de los nueve a diez años. Un niño precoz comienza a desligarse de dicho proceso alrededor de los doce a dieciséis años. Una persona de inteligencia normal: a partir de los treinta años. El 10% de la humanidad: entre los cuarenta a cincuenta años y 90% de la humanidad: muere en el primer proceso de aprendizaje: la imitación.

Cuando tienes cuatro años, es un tiempo crucial donde se ve marcada la influencia parental en tu vida. Si tus padres hablan de manera vulgar ese es el lenguaje que vas a adoptar como propio. Eres una especie de caja de resonancia, escuchas y repites. Ingresas al jardín de niños y allí comenzarás a imitar a tus compañeros. Hablarás, caminarás y te conducirás como el resto de tus compañeros.

Cumples los catorce años de edad y para esta edad de alta significancia de la adolescencia, la imagen omnipotente de los padres se ha desmoronado y todavía no tienes la suficiente confianza en ti mismo como para enfrentarte al mundo, motivo por el cual, los jóvenes se unen en una suerte de fraternidad generacional y así surgen los grupos y la necesidad de pertenecer a uno de ellos, ya que quien no consiga formar parte de uno, quedará en estado de aislamiento, y allí podría terminar ingresando en los peores grupos, como los de la delincuencia, donde basta drogarse o cometer algún ilícito para ingresar en él. La persona que más siente el peso del fracaso es el adolescente, allí se tropieza con lo que comúnmente se conoce como el efecto boomerang, ya que, al querer hallar su identidad, no se encuentra con un recuerdo placentero de su pasado. Se recuerda confuso porque interpreta que todo adulto sólo busca confundirlo; incapaz, porque nadie desea perder su tiempo en capacitarlo; subestimado y sin embargo cargando con todas las responsabilidades de lo que se espera de él, y sometido a las decisiones de otros. El pasado del adolescente actúa entonces como un boomerang: lo proyecta al futuro y lo encuentra inmediatamente en el presente. En resumen: "Si fui un fracasado ayer, seré un fracasado mañana y por eso mismo soy un fracasado ahora".

La exigencia de derechos y privilegios de los mayores lleva al adolescente desde los cambios del cuerpo, al enfrentamiento con el mundo de los adultos. No acepta ser tratado como un niño, pero tampoco como adulto, ya que se encuentra en disparidad con los primeros y en disputa con los segundos. No acepta tener que solicitar sus derechos; rechaza ser criticado y es por lo general lo único que recibe. Se mira al espejo y sueña con ser actor o cantante, una persona famosa e importante. Y aquí desarrolla a la perfección su habilidad de imitar. Tiene sexo a temprana edad, sale a bailar, comienza a beber alcohol en exceso tal como lo hacen sus compañeros y si es mujer quizás quede embarazada a esta edad, y será una niña criando a otra niña.

A los dieciocho años terminas la escuela, y comienzas a trabajar en un empleo que no se condice para nada con lo que habías soñado. No le das importancia, porque piensas que será algo temporal, pero eso temporal se transforma, de a poco, en algo eterno.

Han pasado treinta años desde que eras un niño. Te casas por miedo a quedar soltero y porque todo tu entorno te presiona para que te cases y no te casas con la pareja de tus sueños, sino te casas con la primera persona que se cruza.

A los cuarenta años te encuentras con un fenómeno llamado "crisis de la realidad". Te levantas una mañana y te observas frente al espejo una nueva arruga en el rostro. Sorprendido te preguntas: ¿Quién es esta persona tan vieja? Miras hacia atrás en la cama: ¿Quién es esa persona que duerme en mi cama? Y: ¿De dónde salieron todos esos niños? Tu cerebro retrocede hasta la edad de catorce años y recuerdas lo que soñabas ser, y la crisis de la realidad es la diferencia que existe entre lo que esperábamos ser y lo que realmente somos a esa edad.

Han pasado veintiséis años desde que dejaste de ser ese niño que se miraba al espejo y soñaba con ser una persona grande e importante, decidida y triunfadora, trabajando de lo que realmente le guste, con la pareja que ama, viviendo en la casa que siempre soñó tener. Allí ha dejado de preguntarse ¿qué ha pasado con mis sueños? ¿Por qué razón los abandoné? ¿Por qué no hago algo para salir adelante?

Ahora tienes cincuenta años. Ves como tus hijos cometen los mismos errores que tú cometiste, y sientes esa impotencia de no poder ayudarlos ya que siquiera puedes ayudarte a ti mismo.

A los sesenta años te encuentras luchando para cobrar una jubilación miserable o viviendo con tus hijos donde te sientes una molestia o tirado en algún geriátrico donde apenas puedes subsistir.

Llegas a los setenta años, te sientes cansado, sin fuerzas, y un día ya no te despiertas. Tenías muy desarrollado el colesterol, las arterias tapadas, los pulmones inservibles a causa del cigarrillo. Aquí te quedas solo hasta que muere tu cerebro, pero antes de morir, se experimenta el dolor más profundo que puede experimentar un ser humano: el dolor del arrepentimiento, el arrepentimiento de decir ¿qué hice con toda una vida?

Esa ha sido nuestra vida, malgastando el tiempo, olvidando nuestros sueños e ignorando nuestro potencial. Nos conducimos de la cuna a la tumba como autómatas. Y en dicho proceso no nos damos cuenta de que estuvimos experimentando una situación única e irrepetible: nuestra vida. Y que no hemos hecho con ella absolutamente nada significativo, más que desperdiciarla.

Horas doradas

El Principio de temporalidad tiene como fin el aprovechamiento al máximo del tiempo y los procesos que forman cada una de las secuencias que acompañan las etapas de los mismos. Los componentes principales de estos procesos son los siguientes:

1. Reconocimiento.
2. Gestación.
3. Maduración.
4. Finalización o perfeccionamiento continuo.

Es necesario, para acceder al siguiente nivel, transitar los tiempos de gestación que cada proceso requiere. Por lo general, no deberían apurarse o retrasarse. Nueve embarazadas no pueden tener un hijo en un mes, pero tampoco pueden dejar al niño quince meses dentro del útero.

Es válido afirmar que todo cambio significativo tiene su concepción en determinada hora dorada. Las horas doradas son porciones de tiempo que, por su importancia y ubicación, tienen una singular calidad. En ellas se desatan los niveles más altos de energía y creatividad. Estas horas comprenden tiempos que deben establecerse y respetarse. Solo de esta manera se verán los resultados consumarse.

✓ Una hora a la semana debe consistir en la planificación de lo que va a ser toda tu semana, esto evitará que te distraigas y provocará que te enfoques en las actividades realmente importantes. De preferencia ser la última hora del fin de semana.

✓ La última hora de la noche debe consistir en repasar el plano del día siguiente, esto es importante para no perder la temporalidad, si tú no tienes un plan de cómo va a ser tu día, entonces seguramente tu día va a ser igual que el día anterior y al final del año habrás vivido 365 veces el mismo día.

✓ Las primeras horas de la mañana también deberían ser horas doradas, esas horas son esenciales para cargar la energía que utilizaremos durante todo el día, sea cual fuere tu plan de ataque.

✓ A mitad del día tiene que existir un momento de renovación de energías, puede consistir en meditación, nivel alfa mental, siesta, descanso de la posición que adoptamos para nuestro trabajo diario, etcétera. Esto nos va a permitir dividir nuestra jornada en dos, y podremos arrancar a mitad del día con la misma vitalidad con la que empezamos en las primeras horas de la mañana.

Quiero hacer un pequeño paréntesis para hacer una reseña. Hablando de procesos. Puede que en algún momento leyendo acerca de superación personal, de autoayuda, y toda esa infinidad de libros y cursos que prometen convertirte en un líder, millonario, amado y exitoso, te sientas estafado porque no contemples resultados inmediatos. Las técnicas son las mismas, el avance es diferente. Y puede suceder que tú hagas todo esto y aun así no logres obtener los resultados que buscas y ves que tu vecino no hace nada y todo le sale de maravilla. Sin embargo, considera que, si tú no eres afortunado haciendo todo lo posible por alcanzar tus objetivos, imagínate cómo sería si no hicieras nada, y también imagínate cuantas cosas más podría alcanzar tu vecino si hiciera todo lo que tú haces.

Multinivel de tareas

Existen cinco tipos de tareas que, por su nivel de aplicación, necesitan contemplarse cada una de manera diferente. Aprender a evaluar cada una de ellas es crucial para aprovechar nuestro tiempo. Identificarlas es absolutamente sencillo. Basta con asignarles puntuación de acuerdo con cuántos de los ítems siguientes se la puede incluir, es decir, si algo que debo realizar es necesario, urgente, intenso y significativo al mismo tiempo, entonces ese será mi principal objetivo del día. Mientras menos de estas condiciones tenga la tarea a realizar, menor será el grado de:

Necesarias: son las primordiales para la vida: comer, dormir, beber y vestirnos. Son las cosas a las que nuestra mente subconsciente presta primordial atención.

Urgentes: son aquellas cosas que apremian, que están a punto de vencer los plazos que teníamos y que de no hacerlas se nos complicaría significativamente la existencia: entregar un trabajo del que depende nuestro ascenso, prestar ayuda a alguien que tiene un problema grave y cosas similares.

Importantes: son aquellas cosas que hacen de la nuestra, una calidad de vida mejor: aprender, hacer ejercicio, meditar, chequeos médicos, son cosas que por el momento no determinan nuestra vida, pero que la determinarán si no las realizamos.

Intensas: son aquellas cosas que nos llenan cuando las hacemos, no nos moriremos y no nos pasará nada malo si las dejamos de lado, pero le dan sentido a nuestra vida: estar con la persona que nos gusta, o que amamos, hacer obras caritativas o artísticas.

Significativas: son aquellas cosas que no corresponden a ninguno de los grupos anteriores. Hacerlas no nos hace feliz, pero no hacerlas nos hace infelices: ocuparnos de algún familiar o amigo que está enfermo.

Para poder establecer un marco de referencia que indique el grado de importancia de las actividades que realizo de manera periódica, requiero un específico registro tanto como una evaluación concreta de las mismas con el fin de determinar las tareas que alcancen los niveles más altos, para realizarlas primero.

Una vez comprendidas dichas actividades y enmarcadas dentro de su rango de importancia correspondiente, me será más fácil desarrollar cualquier planeamiento. La finalidad de esta técnica es lograr un buen plan de acción, y para ello tiene que ser entendido su punto de partida. Conocer no solo de qué manera se ejecuta un plan, sino qué cosas se deben tener en cuenta para elaborarlo.

Tiempo inmediato/tiempo mediato

Encuentras una máquina extraña en el fondo de tu casa, de pronto de su interior surge tu yo del futuro. Se para frente a ti y te pregunta: "¿Qué estás haciendo con lo que quiero ser? ¿Qué acciones estás realizando para lograr lo que quiero lograr?"

El tiempo es el material del cual está compuesta la vida y a su vez el tiempo es un material elaborado por la mente. El supuesto de que cada vez tenemos más cosas para hacer y menos tiempo para realizarlas se debe a que desperdiciamos nuestro tiempo en tareas intrascendentes, superfluas y hasta grotescas. Nos distraemos, nos desconcentramos, nos desenfocamos de nuestros objetivos y hacemos mal uso de nuestro tiempo.

TIEMPO	
Control	Cada porción que dejamos escapar no regresará. Cada momento que no está programado es un pedazo de vida que se escapó.
Disposición	Una buena vida es la suma de varios buenos años, un buen año es el resultado de doce buenos meses, un buen mes se obtiene de treinta buenos días y un buen día está compuesto de buenos instantes... para tener una buena vida hay que comenzar a disfrutar de este instante.

Hacer buen uso de nuestro tiempo es tomar conciencia de que no sabemos cuánto nos queda ni de cuánto de ese tiempo que nos queda disponemos realmente. No podemos manejarlo y está fuera de nuestro alcance, por eso las pequeñas porciones que tenemos la oportunidad de controlar, debemos hacerlo al máximo, esto dará como resultado que se incremente de manera progresiva cada pedazo de vida. Si controlamos nuestro tiempo, cada vez controlaremos más las cosas que se desarrollan dentro de él. Esto se convierte en rutina, puede ser cierto, pero es **una rutina que yo elaboré**, no me la programa alguien más.

El ritmo acelerado de nuestra vida y la velocidad con la que afrontamos cada día convierte al tiempo en un tirano absoluto. Cada vez es más difícil recibir capacitación en tiempo real, se aprende durante la acción. Los maestros aprenden mientras enseñan, los empleados se capacitan mientras trabajan y así se vive a los tropiezos convirtiendo el andar del ser humano es una serie de caídas controladas.

Esta aceleración acortó los días, redujo los años. De un año a otro las cosas guardadas ya no juntan polvo. Y es evidente que esto no solo continuará, sino que la aceleración será cada vez más intensa. Por eso necesitamos comenzar a controlar nuestro tiempo y a respirar de una manera más pausada.

- ✓ Utilizar las horas doradas, los momentos premium y el tiempo de calidad.
- ✓ El organismo necesita entre siete y nueve horas diarias para dormir, no extiendas este tiempo innecesariamente.
- ✓ "Vestidme despacio que estoy apurado" decía Napoleón. Más apurados estamos, más errores cometemos, hacemos mal las cosas y perdemos tiempo valioso. No perdamos la calma, enfoquémonos en hacer bien una tarea y luego pasar a la siguiente.
- ✓ Evitar los asesinos del tiempo.
- ✓ Evitar la desesperación, la impaciencia y la precipitación.

Asesinos del tiempo

Aquel que te quita el tiempo te quita parte de tu vida. Existen algunas personas o situaciones dispuestas a asesinar tu tiempo. Apartarlos es tan difícil como dejar una droga o el tabaco. Pero no he encontrado más remedio que hacerlo. Esto significa: no perder tiempo en un lugar donde no se quiere estar, programar la vida desde que empieza hasta que termina, tener una absoluta visión de cada segundo, cada momento en cómo se va a desarrollar, para poder evitar a los asesinos del tiempo.

Interrupciones: Somos interrumpidos en cualquier momento, aunque en realidad allí no radica el problema, sino en la importancia que nosotros le damos a esa interrupción. Hay gente que no puede dejar un teléfono sonar, incluso que le da más importancia al teléfono que a la persona que tiene frente a sí. Mientras trabajamos y somos interrumpidos, nuestra jornada laboral se acorta y la continuidad del trabajo se reduce. Tu mente pierde la concentración y debe pasar de un objetivo a otro a cada momento, y sin una jornada continua de trabajo lo más probable es que nunca logremos nada.

Discusiones: Cada vez que una discusión termina, cada parte se va más convencida que antes acerca de que tenía la razón. Si bien hay discusiones que no se pueden evitar, sobre todo las que tienen que ver con la invasión de los espacios del otro, nadie se va a quedar callado si lo abofetean y a menos que tenga la fuerza y el entrenamiento físico para devolver ese golpe, lo menos que puede hacer es tratar de hacer entrar en razón al que lo abofeteó para que no vuelva a hacerlo, y eso seguramente requiere una discusión. Hay discusiones inevitables y hasta necesarias para nuestra supervivencia, corresponden a nuestra vida profesional o

laboral, a nuestra vida personal, a la pareja, a los hijos y amigos. Todo lo demás es pérdida de tiempo. Eso no significa que clasifiquemos a todas las discusiones innecesarias como inevitables. Cada vez que estés discutiendo pregúntate: "si yo gano esta discusión ¿gano?". Sino ¿para qué estoy discutiendo entonces?
Otra pregunta clave sería: ¿me interesa convencer a esta persona de algo o hacerle ver que está equivocada? Nos daremos cuenta de que la mayoría de las discusiones las tenemos con personas que no nos interesan, con las que no vamos a conseguir absolutamente nada y lo más importante la misma discusión por lo general es intrascendente, sobre temas insulsos, vacíos o sin sentido.

No pierdas tiempo discutiendo con un idiota, primero porque te rebajarías a su nivel, y segundo porque perderías, ya que él tiene más experiencia que tú en ser un idiota.

Trivialidades: Mirar demasiada televisión en programas de entretenimientos, mantener conversaciones absurdas sobre el tiempo o sobre las malas noticias que han sucedido. Todas estas trivialidades son asesinos del tiempo. Las trivialidades son una constante en todos los momentos. Conversaciones intrascendentes, televisión basura, música deprimente, juegos de azar…

La mejor manera de evitar que tu tiempo sea asesinado es estableciendo filtros, filtra la información que recibes, lo que oyes, las personas con las que te relacionas.

El proceso de filtro: tengo un amigo que dice que ama a su esposa. Cierto día me cuenta que la ha engañado con la mejor amiga. Mi pregunta es la siguiente. Si a su esposa que supuestamente ama y que en algún momento juró "amarla y respetarla", la engaña de esa manera, ¿de qué manera podría traicionarme a mí que simplemente soy su amigo?

En el proceso de cambio, habrá sin duda filtros dolorosos que tengamos que enfrentar, sufriremos por ellos, pero aun así son necesarios.
Todos cometemos errores, pero debemos asumir las consecuencias de esos errores. Sin duda todos los seres humanos hemos mentido, engañado, traicionado y cosas similares. Podemos pedir perdón, pero no podemos pretender que nos perdonen. Podemos tratar de reparar el daño, pero no podemos dar marcha atrás. Quizás un factor de influencia directa es la edad. Si una persona de entre quince a veinticinco años comete un error, es entendible y hasta quizás necesario. Pero si alguien de treinta años te estafa, miente o engaña, es mejor sacarlo de tu vida. Sígueme en este razonamiento: si una persona hasta los treinta años nunca ha engañado, no es muy factible que comience a hacerlo justo contigo, y si ya lo ha hecho y nunca se ha arrepentido o intentando cambiar ese comportamiento, no lo hará. Por lo tanto, tenerlo fuera de nuestro círculo es lo mejor que podemos hacer.

Tendemos a absorber, a tener más, y el 90% de las cosas que absorbemos sería mejor no tenerlas, te quitan tiempo y energía. Existe una idea absurda sobre que más es mejor, y así de lo único que obtenemos más es de las cosas perjudiciales. Si tomamos lo que la gente está tan dispuesta a dar, observaremos que solo recibiremos: críticas, burlas, comentarios derrotistas o frustración.

Entonces, organiza tu tiempo, planea tu trabajo, trabaja tu plan, evalúa los niveles de importancia de las tareas que realizas, y vive cada día al máximo disfrutando cada segundo. Trabajes o no, al final del día estarás cansado. Disfrutes o no, al final de tu vida estarás muerto.

CUESTIONARIO INTERACTIVO

1-Este año, ¿he vivido 365 días o he vivido el mismo día 365 veces?
2-¿Cuáles fueron las decisiones que tomé que me condujeron a estar dónde estoy?
3-Si este fuese el último día de mi vida, ¿quisiera hacer lo que hoy voy a hacer?
4-¿Sigues perdiendo el tiempo en lugares donde no quieres estar?
5-¿Te cuesta despedirte de gente que en realidad no te interesa?
6-¿Estás seguro que vas a triunfar? ¿De verdad lo crees? ¿En serio?
7-¿Cuánto tiempo crees que tienes de vida?
8-¿Cuánto tardarás en lograr lo que quieres?
9-¿Cuánto te queda para disfrutarlo?

ACTIVIDADES

1-Divide tu trabajo en fragmentos de tiempo productivo, teniendo en cuenta cuánto puedes estar concentrado.
2-Realiza un diagrama que determine cada una de tus metas y establece un lapso para alcanzar cada una de ellas.
3-Haz un recuento de cuánto te tomó alcanzar tus primeros objetivos y luego compáralos con los siguientes.
4-Establécete tiempos de concreción para cada cosa.
5-Realiza una línea temporal en la que anotarás todas las metas alcanzadas y la edad que tenías cuando las realizaste y luego anota las metas que te faltan y la edad que tendrás cuando las alcances.
6-Dedica un día al mes para desconectarte de todo.

7-Dedica una hora semanal para programar la agenda de tu semana. Esto te permitirá establecer lo que tienes que hacer en cada porción de tiempo.
8-Haz una lista de las principales distracciones que tienes durante el día y ve eliminándolas una por una.
9-Disfruta este momento…

PRINCIPIO 3
"MÁS ALLÁ"

Estás a mitad de un puente colgante, al otro lado está toda la gente que te importa, desde tu familia y amigos, hasta tus enemigos, tus exparejas, gente a la que siempre quisiste impresionar, o demostrarles tu valía, vecinos, compañeros de colegio y del trabajo.

De pronto las tablas de puente colgante se vuelven polvo y quedas agarrándote con fuerza de las cuerdas de los costados. Desde el fondo del precipicio emergen varias figuras voladoras, son hadas hermosas que sostienen una madera cada una, y te observan mientras tus manos comienzan a cansarse de estar sujetas a esas ásperas cuerdas y sosteniendo todo el peso de tu cuerpo. Les pides por favor que coloquen las tablas sobre el puente así puedes pasar, pero te dicen que no. Son tablas muy costosas y no te las regalarán. Te das cuenta de que necesitas como mínimo diez de esas maderas para poder cruzar y salvar tu vida. Los brazos se te acalambran y la soga comienza a cortarte las manos. Desesperado preguntas cuánto quieren por las tablas y te dicen que nada, que el pago deberás hacerlo a las personas que están frente a ti, al otro lado del puente. Pero que solo te entregarán cada tabla si conoces qué es lo que más quiere la persona que elijas y cómo podrías ayudarla a conseguir eso que tanto quiere.

Piensas en tu hijo. Una de las hadas te mira y te dice: "lo que más quiera tu hijo, eso le darás y la primera tabla será tuya"

Ahora la pregunta es la siguiente: ¿sabes qué es lo que haría felices a las personas que amas?

¿Cuál es el máximo deseo de tus hijos? ¿Y el de tu mejor amigo/a? ¿El de tu pareja? ¿El de tus padres?

¿Cuánto tiempo crees que tienes para hacer algo por la gente que quieres? ¿Cuántas oportunidades crees que vas a tener para demostrarles lo que sientes por ellos? ¿Qué te está impidiendo hacerlo ahora mismo?

Correspondencia

Estás por morir acostado en una cama de hospital. Diez horas antes, ya sientes que el momento está cerca, ¿a quién te gustaría ver? ¿Con quién te gustaría pasar tus últimos momentos? Ahora piensa que intentan llamar a esa persona y no quiere verte. Deberás evaluar entonces las cosas que has hecho en el pasado para que esto ocurra. ¿Cuánto hace que no visitas a esa persona?

Si tuviera que enunciar una ley que fuera de aplicación certera en este principio, sin duda sería la ley de la correspondencia. Seguramente ya has oído hablar de ella, señala que todo en la vida corresponde. La cantidad de dinero que ganas corresponde perfectamente a la cantidad de esfuerzo y sacrificio que haces. La cantidad de amor que recibes corresponde a la cantidad de amor que tú primero das. Más tuvieras en este mismo momento si más merecieras. Eso es lo que nos dice este principio. Si te correspondiera recibir algo de este mundo primero debes preguntarte: ¿Qué cambio significativo planeo hacer en el mundo? ¿En mi entorno? Si todavía no tienes una respuesta, no esperes entonces que alguien de tu entorno haga algo por ti…

La intensidad con la que disfrutes un logro equivaldrá a la misma intensidad de sacrificio que hayas puesto para alcanzarlo. El tamaño de lo que ganes corresponderá al tamaño de lo que arriesgues.

La ley de la correspondencia predice lo que has de recibir en base a lo que hayas dado antes. La correspondencia me determina a dar mi mayor esfuerzo si es que quiero obtener el mayor resultado. Esta ley se puede comparar a una cuenta bancaria: primero debes hacer un depósito si luego quieres extraer.

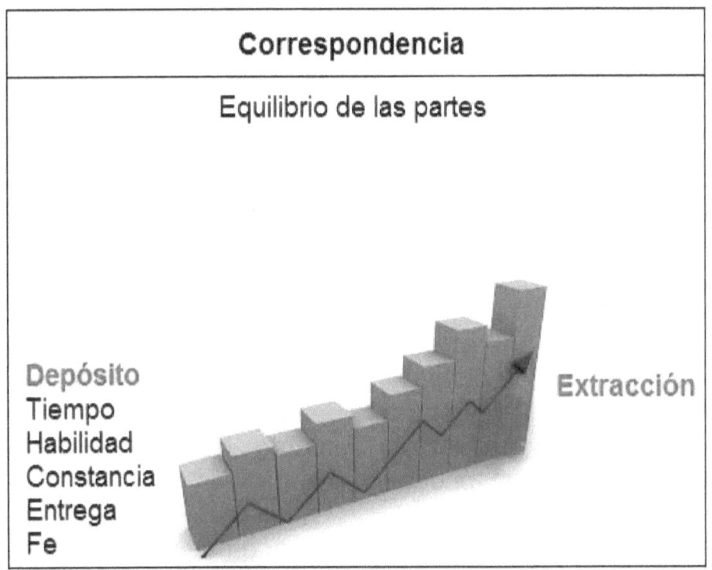

He oído muchas veces a gente diciendo que no se merece tal cosa, o preguntándose por qué les sucede tal otra. La realidad es que nunca indagan verdaderamente en las causas subyacentes que originan los resultados que obtienen. Acunan en su interior pensamientos de duda y temor y hablan de manera arrogante y prepotente, suelen creer que son firmes en sus decisiones, pero en realidad las toman vacilando o a través de la ira. La suma de nuestros pensamientos es lo que comprende nuestro carácter y éste desencadena nuestros resultados. A veces creemos que nos pasan las cosas por estar en el lugar y el momento equivocado, pero raras veces esto resulta ser verdad, la realidad es que estamos en el momento y en el lugar en que decidimos estar.

Biografía

Imagina que hubiera alguien, un ser omnipresente que estuviera viéndote en todo momento, abocado a contar la historia de tu vida. Está a punto de editar el libro de tu biografía para que lo lea todo el mundo. Ahora ponte un minuto a pensar en todas las cosas que has hecho, ¿quisieras que se contasen todas ellas? Probablemente no. La pregunta es: ¿por qué las hiciste? Si te avergüenzan, si no estás feliz con haberlas realizado, ¿por qué optaste por realizarlas?

Cada vez que no estés seguro de alguna decisión que debas tomar, o de alguna acción que tengas que realizar pregúntate: ¿Me gustaría que se escribiera en mi biografía esto que estoy a punto de hacer? Si la respuesta es no, entonces no lo hagas.

Para determinar si las cosas que hacemos valen o no, es necesario tener un propósito. Ese propósito significa eso que vamos a dejar, cómo vamos a ser recordados. Aunque nuestra esencia radica en nuestros pensamientos, a esos pensamientos los definen las acciones. La inacción solo define nuestra pereza. El propósito es lo que da vitalidad a la acción. Las acciones sin propósito se convierten en actividades nulas que forjan un destino mediocre. Aunque existen un gran número de personas que dicen creer en que el destino está escrito y que nada se puede hacer al respecto, en realidad, la mayoría de la gente que dice creer en el destino actúa como si el destino no existiera, si la gente creyera realmente en el destino nadie iría al médico. La mayoría de las personas que dicen creer en dios, también actúan como si dios no existiera, como si no los estuviese viendo todo el tiempo.

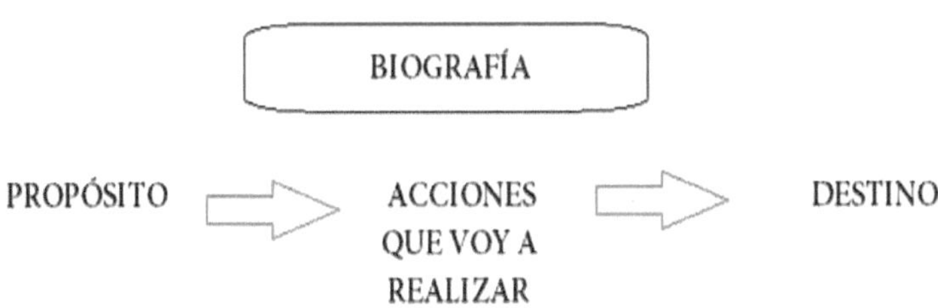

Para escribir una biografía necesito tener un propósito, luego determinar qué acciones voy a realizar para alcanzar mi destino en base a ese propósito.

La finalidad de la biografía es establecer las acciones que se condicen con mi propósito, sin desvirtuar mi integridad o mi orgullo. Muchas veces caemos en el error de pensar que "el fin justifica los medios" y terminamos haciendo cosas que nos degradan, nos avergüenzan y acaban por desfigurar nuestro propósito, por el simple hecho de obtener un resultado.
Por eso, antes de realizar cada cosa, aplicar esta técnica nos ayudará a no salirnos de nuestro propósito. A seguir fielmente nuestros objetivos sin desvirtuar lo que somos, sin perdernos a nosotros mismos en el camino.

La palabra "dar"

El pilar fundamental del Principio 3 es la acción de dar. Mientras muchos se preguntan: ¿cómo hago para ganar más? ¿Para llegar más alto? No se dan cuenta que estas preguntas están mal enfocadas, las preguntas deberían ser: ¿cómo hago para dar más? ¿Para tener más que ofrecer? ¿Para brindar un mejor servicio? ¿Para crear un mejor producto? ¿Para ayudar a más gente? Si brindo un mejor producto o servicio, es inevitable que más gente lo quiera y gane más dinero.

La calidad y la cantidad de lo que yo doy, determinará la cantidad y la calidad de lo que reciba. La acción de dar es una oportunidad que tenemos para realmente mejorar nuestra calidad de vida: "da todo lo mejor y recibirás lo mejor". Dicha acción se divide en tres componentes básicos que la explican:

Desinterés

Abundancia

Resiliencia

Desinterés: en la acción de dar aprendo un principio universal, dar para luego recibir. El desinterés es no esperar recibir, sino saber que se va a recibir. Si tomo un baño, no espero estar limpio después, sé que voy a estarlo. Si sale agua sucia de la regadera, no me enojo con la acción de bañarme. Me enojo con el agua, pero volveré a bañarme nuevamente.

Abundancia: para dar tengo que adoptar una mentalidad de abundancia. Dar es una fuerza, una muestra de mi potencia. Comúnmente se piensa que dar es sinónimo de debilidad, esto es un error, dado que en la acción de dar estoy demostrando mi vitalidad y mi poder: "doy porque tengo", "doy porque puedo dar".

Resiliencia: la resiliencia es la capacidad de elasticidad de un cuerpo que le permite volver al estado original luego de sufrir un cambio físico. Volver al estado natural significa no extrañar el objeto regalado, o la cosa dada, no reclamar que nos sea devuelta. Olvidarnos de que hemos dado.

Enfoque

Sentirnos importantes, ser respetados, que nos tengan en consideración, que nuestro propio espíritu sienta la gratificación que significa haber hecho más de lo que esperábamos. Estas son algunas de las recompensas del enfoque.
Estar enfocados en las cosas grandes nos otorgará grandeza. Estar enfocados en los términos medios, nos hará mediocres. Estar enfocados en insignificancias nos volverá insignificantes. El enfoque es el mapa de nuestro destino. Hacia donde miremos nos estaremos dirigiendo.

El enfoque es aplicar la direccionalidad a nuestras acciones, si la biografía nos ayuda a determinar las acciones que debemos realizar, el enfoque determina hacia dónde apuntamos con esas acciones.

Biografía → qué acciones voy a realizar.
Enfoque → para qué voy a realizar esas acciones.

Muchas personas mantienen su enfoque en sí mismas, esto es válido en tanto no requieran nada de terceros, pero lo cierto es que no será mucho el tiempo en que podamos hacer las cosas totalmente solos y es ahí cuando nuestro enfoque hacia nosotros mismos no es efectivo. También existe gente que se centra exclusivamente en el prójimo. No disfrutan por sentirse culpables, no actúan al estar pendientes de la mirada desaprobadora de los demás y se olvidan de sí mismos y de quiénes son.

Llamamos a alguien para contarle lo que nos sucede, y resulta que la otra persona no quiere oírnos. No se llama a una persona para contarle cómo estás, sino para preguntarle cómo está ella, si le preocupara cómo estás tú, ¿no crees que te hubiese llamado? Además, la única manera de que alguien se interese por ti es que tú primero te intereses por el otro.

No te enfoques en la gratificación que vas a recibir cuando realices una obra, enfócate mejor en que la acción misma sea una gratificación.

No te enfoques en hacer cada día algo por los demás, concéntrate mejor cada día en sentir verdaderamente la necesidad y el deseo de hacer algo por los demás.

Para poder desarrollar el enfoque es imprescindible aplicar los filtros que mencionamos en el principio anterior, atravesar el doloroso proceso de filtrar es de vital importancia y mientras más tiempo lo postergues más tiempo estarás alejado de tu meta. Si tu marido te engaña nunca alcanzarás tus sueños, al menos hasta que no te separes. No podemos mantenernos enfocados si no eliminamos los estorbos del camino.
Si tienes a tus amigos boicoteándote, a tu familia criticándote, a tu pareja engañándote, nunca podrás enfocarte.

Fidelidad y autoestima

Imaginemos la siguiente situación: me considero un genio, pienso realmente que soy un genio, porque es una técnica que he adoptado para llegar a ser un genio algún día. Ahora, estoy en pareja y la engaño con otra persona. La pregunta es ¿cómo se verá mi pareja ante esta situación? Como una imbécil. Y si yo soy un genio, ¿qué hago con una imbécil? Es que yo también soy un imbécil. Por eso en la medida que nuestra autoestima se mantenga elevada, no podremos hacer nada para dejar a nuestra pareja como estúpida o quedaremos como estúpidos nosotros mismos.

Tendemos a ser infieles, tendemos a que nos gusten más personas, ¿por qué? Porque si nos gustase una sola persona, y esa persona muere, se aleja o nos rechaza, nuestra vida sentimental se acabaría.

La fidelidad es una elección, no es parte de nuestra personalidad.

La autoestima, por lo tanto, se puede asociar directamente con la fidelidad, cualquier persona infiel es en realidad cobarde, teme perder a su pareja, razón por la cual elabora mentiras para no ser descubierto. La cobardía reside en la falta direccionalidad, es decir en traicionar, en hacer las cosas a escondidas. Todo lo que no hagamos de manera frontal supone una cobardía. El segundo aspecto de la infidelidad supone una debilidad, ya que, si prometimos ser fieles y no mantuvimos esa promesa, entonces significa que fuimos débiles. Y, por último, el tercer aspecto de la infidelidad es la falta de otorgamiento de libertad hacia la otra persona. Solo puedo decidir en base a la información que poseo, si yo no poseo toda la información, no puedo tomar una decisión libre, solo podré tomar una decisión en base a lo que sé o a lo que creo saber. Por lo tanto, todo ese tiempo en que yo decidí estar junto a alguien que no me estaba otorgando toda la información necesaria para que mi decisión sea libre, fue tiempo perdido, porque quizás si yo hubiese conocido la verdad, no hubiera decidido quedarme a su lado. Sin la mentira posterior, la infidelidad quizás no sería un problema, pero sin la mentira quizás hasta siquiera sería infidelidad.

Mucha gente dice ser fiel porque ha rechazado a otras personas estando en pareja, pero decirle que no a quien no te gusta no tiene mérito, le hubieras dicho que no, aunque no estuvieras en pareja. Decirle que no a quien realmente te gusta, porque estás en pareja, eso es fidelidad.

Esta premisa puede aplicarse a cualquier ámbito de la vida, si escucho a una persona decir que su jefe es un idiota enseguida me pregunto: ¿Qué hace trabajando para un idiota? Puede que haya tenido un traspié y se encuentre ahorrando algo de dinero o tratando de salir de una situación determinada, pero si al tiempo noto que sigue trabajando en el mismo lugar, descubriré que, si en efecto su jefe es un idiota, él lo es aún más. Lo mismo ocurre con los amigos a los que consideras imbéciles, ¿cuánto tiempo puedes tener amigos imbéciles? Si es mucho el tiempo, puede que ya te hayas vuelto tan imbécil como ellos.

Respeto

Existe una especie de idea acerca de la forma en la que tratamos a nuestros seres queridos, a las personas con las que convivimos o interactuamos a diario. Creemos que a nuestros hijos les podemos ordenar sin utilizar el "por favor". Creemos que podemos insultar a nuestros amigos o tratarlos despectivamente. Esa es la fórmula que hemos adoptado para expresar la confianza, pero aun cuando ambas partes acepten este trato, con el tiempo la relación se desgasta y lo que era tomado como una gracia pasa a ser una molestia.

No perder el respeto debería constituir uno de los principales objetivos en todo tipo de relación. Tenemos la equivocada idea de que podemos permitirnos faltar el respeto a esas personas a las que conocemos de toda la vida y que son más allegadas a nosotros, sin embargo, justamente a esas personas son a las que les debemos el mayor respeto.

Con el respeto se construyen las mejores relaciones, tanto familiares, como profesionales e incluso empresariales.
Para ilustrar este concepto, un ejemplo fue un seminario de box que ofrecí en un club deportivo, uno de los temas que ninguno de los pupilos esperaba y que fue el centro de mi discurso, fue el respeto. Comencé haciendo una comparación con el futbol. En el futbol los jugadores faltan el respeto al árbitro, faltan el respeto al director técnico, faltan el respeto a los hinchas, a los compañeros, a los rivales. Protestan por cualquier decisión que el árbitro tome, insultan, se quejan, teatralizan situaciones, simulan faltas, etcétera. Las faltas de respeto son una constante. En boxeo o cualquier arte marcial, el respeto es el pilar fundamental. Jamás se le falta el respeto al maestro o entrenador, por el contrario, al maestro se lo honra, no se permiten los insultos bajo ningún concepto, ni siquiera a los compañeros, tampoco debería permitirse el insulto al rival, pero malos entrenadores lo permiten. Si el árbitro dice paso atrás, los contrincantes dan un paso atrás y ninguno se queda protestando por la decisión del árbitro. Lo que les dije a los pupilos fue que, si no tenían respeto, entonces se habían equivocado de deporte, que debían abandonar el boxeo y dedicarse al futbol.

Clasificaré el respeto en dos aspectos:

Respeto a ti mismo:
Honor
Integridad

Respeto a terceros:
Consideración
Confraternidad

El respeto es lo que obliga a que cumplamos con nuestra palabra. El respeto es el pilar de la educación. Ningún padre puede pretender criar un hijo respetuoso si él mismo no lo respeta. Ninguna familia ha conseguido nada sin antes haber cultivado el respeto.

Terreno firme

Ya no se puede hablar de sospechas, de celos infundados, de posibles mentiras y estafas. Hemos llegado a un nivel de la lingüística tan avanzado que casi no existe gente que no se dé cuenta cuando le están mintiendo, sino gente que no quiere darse cuenta. Gente que no quiere indagar más profundo dentro de la verdad, dado que si confirman esa verdad que tanto teme no sabría de qué manera manejarla y más aún, el mundo ficticio por el que pretendía transitar se derrumbaría.
No finjamos sorprendernos cuando lo que ya nos venía haciendo ruido en la cabeza, se pone de manifiesto.

Mientras erigimos lo que será el prototipo de nuestro yo, nos vamos tropezando con algunos aspectos quizás nocivos para nuestra conducta, que afectan nuestra disciplina y degradan nuestra integridad. Pulir estos aspectos es lo que dará fuerza a la consistencia de nuestro propósito.

¿Qué ganamos en una traición?
¿Es tan importante el resultado que obtenemos cuando mentimos?
¿No teníamos otra opción que engañar?

Quizás no podemos evitar que nos mientan, pero formar parte de una mentira es una decisión nuestra. Salir con una persona casada, por ejemplo, significa formar parte de una mentira y aunque no seamos los responsables directos de esa mentira, contribuimos indirectamente a que se lleve a cabo.

No podemos forjar un terreno firme bajo las pisadas de la gente que está interesada en caminar sobre arenas movedizas. Todo lo que se funda sobre la verdad, no puede derrumbarse, tu existencia es una verdad, tu propósito es una verdad. Si te mientes a ti mismo, no podrás establecer un canal de concreción o un método de elaboración. Hay gente que pareciera gustarle tener complicaciones, son verdaderos creadores de sus propios problemas, no tanto como de las soluciones. Divagan en planes irrealizables, esperan propuestas extravagantes de gente más soñadora que ellos, apuestan a empresas construidas sobre el aire o siquiera construidas.

Cuando nos encontramos en estas etapas donde todo pareciera ser volátil o inconsistente, pararse sobre los propios pies para indagar acerca del lugar que estamos ocupando en el mundo, es quizás la única propuesta firme que podremos hacernos.

¿Cuán fuertes son nuestros proyectos?
¿Están apoyados sobre bases sólidas?
¿Cuán confiables son nuestros socios?

Respira profundo

Tenía una onemistad con una persona, no lo quería y él a mí tampoco. Un día lo veo en un lugar público lleno de gente alrededor. Comencé a sentir un malestar en el estómago, mi corazón se aceleró, se cerraron mis puños. Lo odiaba. Respiré profundo un segundo y me dije a mí mismo: "sigue adelante, no le des importancia, no es nadie para ti". Continué mi camino y en un momento lo tenía frente a mí. Me había dirigido inconscientemente hacia él. El odio que le tenía me había conducido a enfrentarlo. Cuando lo tuve en frente lo empujé, él se preparó para pelear y yo también, ninguno de los dos daba el primer golpe, respiré profundo una vez más, discutimos unos segundos en vano y me retiré del lugar. Decidí entonces que algo debía cambiar en mi vida, mi inconsciente no podía traicionarme de esa manera. La ira dirigió mis pasos y necesité un segundo momento para pensar y calmar mis emociones. Estas circunstancias nos suceden a diario con nuestras parejas, hijos, hermanos, amigos, compañeros de trabajo, jefes o empleados. En un solo instante de ira, podemos perderlo todo, podemos terminar en la cárcel e incluso hacer daño a la persona que amamos.

Existe una palabra que creo está en la lista de las palabras más poderosas del universo.
Imagina que viene una persona dispuesta a darte una golpiza, te insulta y aprieta sus puños mientras se acerca, está completamente decidida a darte la lección de tu vida. Cuando está lo bastante cerca de ti, lo miras a los ojos y le dices: "perdóname", le tocas el hombro e inclinando la cabeza hacia un costado le repites: "te pido perdón". Esa persona seguirá enojada, seguirá insultándote quizás, te amenazará con una próxima vez, pero no te golpeará, porque el pedir perdón, tiene una fuerza única.

Respirar profundo cuantas veces sea necesario es lo que tranquilizará mi temperamento, mi temperamento es lo que me meterá en problemas y mi orgullo me mantendrá allí. Pero si puedo lograr domar mi temperamento, podré reducir mis conflictos.

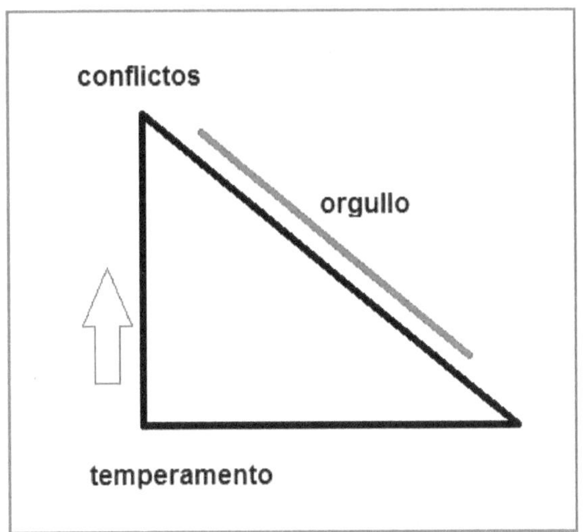

Estamos viviendo en una sociedad violenta, tenemos más discusiones que conversaciones, definimos nuestra valentía en base a nuestra agresividad, y acaban por confundirse una con otra, equiparamos el humor con la crueldad, y todas nuestras conductas están definidas por la mordacidad antes que por la tenacidad.

Ningún resultado favorable se ha conseguido jamás desde el lado de la violencia injustificada. Ningún proyecto se lleva a cabo más rápido por acumular enemigos. Ninguna teoría se ha elaborado de insultos. Ningún grito ha callado a la razón. Ningún golpe ha forjado a un genio.

Cambio y evolución

Muchas personas piensan en los cambios como si se tratase de quitarse la camisa y colocarse otra, sin embargo, cambiar pensándolo de esa manera sería similar a decir: "hoy soy sarcástico, mañana voy a ser risueño, pasado mañana comerciante". No obstante, los cambios son más bien como emparchar esa camisa, teñirla, cambiarle el bolsillo, pero continúa siendo la misma camisa. El cambio se trata de la evolución, de ir perfeccionando lo bueno, quitando lo malo y puliendo lo que está opaco. La evolución es el cambio, cambiar en la superación personal significa corregir, hacer una evaluación y reparar. Cambiar no significa probar cada cosa, abandonarla y no adoptar ningún fin. Cambiar significa reconsiderar, reajustar.

El perfeccionamiento continuo, la búsqueda de la sabiduría, el crecimiento mental y espiritual, pertenecen a una voluntad de cambio y evolución. Cada vez que decidimos crecer, estamos emparentándonos con esa parte de nosotros que apunta a lo mejor. Cada vez que tratamos de entender algo que no comprendemos, que queremos aprender algo nuevo, realizar nuevas actividades, apuntamos con estos cambios a nuestra propia evolución.

Nacemos sin límites, nada le impide a un niño llegar a sus objetivos. En la adolescencia sucede el primer cambio significativo que marcará nuestra existencia: la resignación. Desde el momento en que resignamos algo, lo que fuera, esta resignación marca un precedente en nuestro comportamiento que determina nuestro proceder futuro.
Este cambio genera la primera involución en nuestra vida.

A esto le sigue la desilusión: cierto día observamos que el mundo colorido tal y como lo veíamos es en realidad un lugar sombrío. Santa Claus no existe, dios no escucha tus plegarias, tu padre no es tan poderoso como Superman, tu madre no era virgen, la gente no era tan buena como parecía, tu pareja te engaña, tus amigos te traicionan, el mundo no era ese paraíso que suponíamos.

Sin embargo, todo esto no debería tener una relevancia tan significativa en tu vida, porque luego prosigue el más importante de los cambios. Creíamos o nos hicieron creer que no podríamos lograr nada, que solo viviríamos un corto tiempo y que la única manera de atravesarlo era sufriendo y soportando. Que trabajaríamos solo para poder subsistir. Que debíamos olvidarnos de esas grandes aspiraciones y sueños que teníamos de pequeños. Que el mundo era un lugar hostil que no se podía cambiar. Y un buen día descubrimos a través de cierta información, que todo esto es mentira, que está en nuestras manos poder alcanzar esas aspiraciones, que nuestro trabajo no tiene que ser soportado, sino que puede ser disfrutado o tomado como un medio para cumplir con algunas consignas.

A este cambio lo denomino *el despertar* y hablaré de él más adelante.

Éxito y sensación de éxito

Nadie puede decirte realmente si eres lindo/a, salvo que seas una persona extremadamente bella, no es tan fácil de determinar. Pero en cambio si tú te sientes alguien bello, esa sensación se ve reflejada y contribuye a aumentar tu belleza considerablemente. Nadie puede decirte si estás o no enamorado/a, o si eres o no una persona exitosa, solo tú lo sabes.
El éxito por lo tanto tiene que ver más con la sensación que experimentamos, con cómo nos sentimos en cualquier situación. Esta es una persona que se siente exitosa, que se siente bien con su imagen, con su situación económica, con su familia y amigos ¿Quién puede persuadirla de que no se siente así? ¿Quién puede convencerla de que en realidad está equivocada?

Existe una enorme diferencia entre hacer las cosas por necesidad, por apremio, por placer, que por propósito. Las cosas que hacemos por propósito no tenemos que dudarlas o pensarlas, están sus causas y motivos arraigadas a nuestra esencia, a nuestra forma de ser, de pensar, a lo que representa lo más íntimo de nuestra consciencia.

La sensación de éxito está ligada a cuán fieles somos a nuestro propósito. La sensación de éxito radica en realizar las cosas que nos hacen sentir orgullo de nosotros mismos. Eso que podríamos contar abiertamente sin avergonzarnos. Viene emparentado entonces a todo lo que hagamos dentro del manual de nuestra vida.

Toda emoción parte de un pensamiento inicial, por esto mismo es que los actores pueden llorar cuando quieren recurriendo al "recuerdo emotivo". De este modo, es que podemos afirmar que la sensación de éxito va a depender solamente de nosotros, de lo que decidimos experimentar. El éxito y la felicidad no son más que el resultado de la diferencia entre lo que queríamos ser, hacer o tener y lo que somos, hacemos o tenemos.

Despertar

La semilla de la caña de bambú japonés permanece siete años debajo de la tierra, periodo durante el cual aparentemente nada ocurre. Luego, en seis semanas, la caña de bambú crece más de treinta metros. Durante todo ese tiempo en el que parecía que nada importante sucedía, la planta estuvo desplegando las raíces que le permitirían sostener el crecimiento que desarrollaría más tarde. A veces sentiremos que no estamos avanzando, que todo el esfuerzo y sacrificio que estamos haciendo nunca darán frutos, que todo lo que estudiamos, nos preparamos y aprendemos no será de aplicación válida. Sin embargo, un día despertamos y nos erigimos por encima de todo. Nos levantamos por sobre nuestras expectativas y aspiramos a lo imposible, porque ya no creemos que sea imposible, dejamos atrás temores y dudas, apuntamos a lo más alto, confiamos en nosotros mismos, le damos una oportunidad real a nuestro talento y ponemos nuestro potencial delante de nuestra personalidad.

Responde la siguiente evaluación antes del cuestionario:

- ✓ ¿Eres capaz de reírte de los chistes de tu enemigo? ¿Y de ti mismo?
- ✓ ¿Aceptas una verdad independientemente de quién provenga?
- ✓ ¿Controlas tus emociones o tus emociones te controlan a ti?
- ✓ ¿Continúas haciendo la pregunta "qué hago"?
- ✓ ¿Te entrometes en algo para ayudar o solo para confrontar?
- ✓ ¿Comienzas preguntado o comienzas haciendo un juicio de valor?
- ✓ ¿Tratas de entender las ideas y sentimientos de los demás o solo esperas que se callen para expresar los tuyos?
- ✓ ¿Te centras en encontrar lo bueno de cada persona o te enfocas en lo que puedes criticar de cada persona?
- ✓ ¿Puedes elogiar a quien te odia?

CUESTIONARIO INTERACTIVO

1-¿Cuándo fue la última vez que abrazaste a tus hijos, pareja, amigos?

2-¿Le preguntas a tu ser más querido qué puedes hacer para hacerlo feliz?

3-¿Te preguntas a ti mismo cómo puedes hacer para ser mejor que ayer?

4-¿Qué quisiéramos dejar luego de muertos?

5-¿Cómo quisiéramos ser recordados?

6-¿Qué dejaríamos para la posteridad?

7-¿Cuándo fue la última vez que hiciste algo desinteresado por alguien?

8-¿Qué haría un genio en este momento?

9-¿Me gustaría que se escribiera en mi biografía esto que estoy a punto de hacer?

ACTIVIDADES

1-Haz 20 halagos durante todo el día, no importa a quien, lo importante es que los hagas. Que sean cosas auténticas, no mientas. Busca algo bueno o lindo de una persona y díselo. Puede ser incluso un par de zapatos.

2-Averigua cuáles son las metas y sueños de las personas más importantes para ti.

3-Averigua cuál es la mejor forma de ayudarle.

4-Empieza hoy a trabajar en eso que quieres dejar.

5-Ve y haz eso que te hará sentir importante por el resto de tu vida.

6-Desarrolla una lista de las cosas que hiciste que serán recordadas.

7-Planifica todo lo que harás el último año de tu vida.

8-Planifica lo que harás el último mes de tu vida.

9-Planifica lo que harás el último día de tu vida.

PRINCIPIO 4
"TOMAR LA PASTILLA"

Despiertas en la cama de un hospital, el médico te dice que has tenido un accidente y que saliste despedido del automóvil que ibas conduciendo. Miras a los costados, tratas de recordar y descubres que no te acuerdas de nada. Aunque haces un esfuerzo enorme, ningún recuerdo visita tu mente.

El neurólogo te aconseja que hagas ejercicios mentales, que lleves un diario en el que debes anotar todo lo que haces, que diseñes un plan de vida, que enumeres tus expectativas, que hagas juegos mentales para agilizar tu cerebro, que la única forma de que recupere todas las funciones es ejercitándolo. Pero te advierte que está muy débil a causa de las lesiones, cualquier idea estresante, cualquier pensamiento negativo podría hacerlo colapsar. Así que debes decidir recargar tu mente nuevamente solo con información que te pueda sacar adelante…

Eso es lo único que tu mente necesita para funcionar adecuadamente.

Imagina que una mañana te preparas, vas a tu empleo y trabajas sin descanso durante ocho horas. Llegas a tu casa esperando recostarte, pero resulta que debes cortar el pasto, pintar la cerca, sacar al perro, cuidar a tus hijos, lavar la ropa y cocinar, cuando te quieres dar cuenta estás otra vez cerca del horarlo donde debes entrar a trabajar, de modo que sin dormir te diriges a tu trabajo agotado y trabajas sin descansar un solo segundo… esto mismo viene haciendo tu cerebro durante todos los años que tengas de vida. Cuando te despiertas de dormir, lo único que descansó fue tu cuerpo, ya que tu cerebro estuvo realizando uno de los procesos más complejos, que es sintetizar las proteínas que van a fijar los recuerdos en las neuronas, seleccionando la información que debe guardar y desechando la innecesaria. Y ni bien termina ese tedioso proceso, tú despiertas y comienzas a cargarlo de información nuevamente. No es de extrañar que los ACV sean la nueva epidemia de los próximos años.

El único momento en el que tu mente podría descansar es si tú mismo te proporcionas unos instantes de meditación. De esta manera tu cerebro encontrará espacios, ranuras, comenzará a trabajar el fluido y te dará una creatividad extra.

¿Cuándo fue la última vez que meditaste?

¿Cuándo fue la última vez que estuviste estresado?

Rutinas mentales

Existen rutinas mentales que tenemos programadas desde que hemos hecho uso de nuestra razón. Adoptamos ciertos patrones de conducta que seguimos muchas veces sin siquiera saberlo que estamos haciendo. Por esta misma razón vamos a recorrer un poco el tipo de rutinas mentales que tenemos a diario. Esto nos permitirá evaluar cuáles de estas deben ser reforzadas y cuáles evitadas.

¿Qué tipo de rutinas mentales tendría que evitar?

- ✓ Discutir por cosas intrascendentes.
- ✓ Perderte en conversaciones triviales.
- ✓ Hablar de los que no están presentes.
- ✓ Juzgar a las personas que no conoces.
- ✓ Ver programas de noticias o de chismes.
- ✓ Escuchar lo que dicen los imbéciles.
- ✓ Quejarte y lamentar lo que te sucede.
- ✓ Preocuparte por nimiedades.
- ✓ Acunar miedos innecesarios.

✓ Compadecerte a ti mismo.

¿Qué tipo de rutinas mentales deberías realizar?

- ✓ Aprender un idioma nuevo.
- ✓ Aprender a tocar un instrumento.
- ✓ Leer.
- ✓ Escribir.
- ✓ Sostener conversaciones con personas más inteligentes que tú.
- ✓ Gimnasias mentales.

Este tipo de análisis de las rutinas que mi mente lleva me otorgará una guía del camino por el que mi cerebro transita. Si quiero ir a Londres con el mapa de París, puedo acelerar, ir más de prisa, pero solo llegaré más rápido al lugar equivocado.

Nuestra mente trata todo el tiempo de crear hábitos, es la manera que tiene de poder dedicar toda su capacidad a aprender algo nuevo y para eso necesita hacer que la mente subconsciente maneje las tareas antiguas. Una vez que el hábito está creado, el cerebro tratará de buscar la forma de armonizar cada porción de información nueva que llegue, con la que ya poseemos. Esto explicaría por qué es tan difícil aceptar nuevos conceptos o romper paradigmas. Porque cada idea nueva que viene a contradecir las ideas que ya tenemos establecidas, será desechada por nuestra mente. Esto es lo que provoca que una persona pesimista se cargue cada vez más de ideas pesimistas, porque su cerebro buscará armonizar con lo que ya tiene incorporado.

Tomar la pastilla

En la película *Limitless*, el protagonista tomaba una pastilla cuyo efecto daba como resultado, tener acceso total a su cerebro. Incrementaba su retentiva, potenciaba su creatividad, podía recordar cada detalle, de cada cosa vista u oída, aprendía idiomas o escribía libros en pocos días, tocaba el piano en pocas clases y tenía una comprensión total de lo que acontecía a su alrededor.

Esta pastilla no existe todavía, pero podemos lograr algo muy similar. La primera vez que hablé de tomar la pastilla, estaba dando un curso gratuito de técnicas de pensamiento creativo y les dije a quienes habían asistido: "ustedes quizás crean que yo hice alguna especie de master, doctorado o que he leído cientos de libros acerca de técnicas de pensamiento creativo. Lo cierto es que he leído un solo libro de cien páginas acerca de técnicas de este tema, vino de regalo en un periódico, pero antes de leerlo tomé la pastilla, lo estudié, tomé apuntes, lo apliqué, lo comparé con experiencias reales, desarrolle las técnicas, las llevé a la práctica, me metí de lleno en el libro y en la información que estaba adquiriendo y al poco tiempo estaba preparado para hablar frente a cualquier persona e incluso dar aspectos y miradas diferentes y reformadas de cada una de las técnicas".

A esta forma de aprendizaje le llamé "tomar la pastilla". Es una técnica que te permitirá volverte experto en varios temas sin tener que dedicarte años a su estudio o práctica, sino aplicando un análisis detallado y exhaustivo.

Dormir bien y meditar

Como ya dijimos, durante el sueño se sintetizan las proteínas que van a fijar los recuerdos en las neuronas. Por lo que la etapa de sueño es fundamental para que el cerebro repase todo lo que aprendió durante el día, almacene lo que considera que sirve, y descarte lo que crea que no va a utilizar. De todas maneras y aquí está el secreto, la mente no tiene una capacidad limitada de memoria, ya que existe algo llamado "mente inconsciente" que almacena todos y cada uno de los recuerdos. Aunque solo podemos tener acceso a ella por medio de prácticas bastante complejas como la meditación, autohipnosis y demás.

Durante la etapa de sueño se conjugan también, los circuitos sensoriales, ampliando la información que tenemos, por eso nos vemos desde una posición cenital y nos observamos tal y como si alguien nos mirase desde arriba, porque el cerebro tiende a armar la imagen residual de nuestro yo en base a lo que registra, por ejemplo, cuando nos tocamos la cabeza o cuando nos miramos la espalda al espejo. Toda esa información se conjuga en una sola y forma lo que vemos cuando en un sueño nos vemos a nosotros mismos.

Darle un descanso adecuado a nuestro cuerpo y nuestra mente es prepararnos para comenzar el día siguiente con mucha más energía. El sistema propioceptivo termina de conjugar los movimientos que debe recordar para realizar alguna actividad específica, durante la etapa de sueño. Es en el proceso de sueño donde los músculos de un fisicoculturista crecen ya que allí se activa la hormona de crecimiento. Todas las ideas por las que estuvimos rumiando durante el día, terminan de procesarse durante la noche.

Como ya dijimos la mente no descansa durante el sueño, por lo tanto, es recomendable que utilicemos técnicas de meditación para darle un descanso a nuestro cerebro. Diez minutos al día serán más que suficientes. En internet existen cientos de técnicas y métodos de meditación, incluso puedes encontrar meditaciones guiadas donde la voz de un coach te lleva a recorrer todo el camino sin que tengas que hacer nada.

La superinteligencia

La inteligencia no es la capacidad de resolver problemas, sino la facultad de continuar de buen humor se resuelva o no ese problema. No importa cuánto sepas, sino cómo aplicas ese conocimiento a tu vida. Si todo esto que estás por aprender no lo aplicas dentro de los siguientes días, ya no lo aplicarás.

Descubrí una frase inmortal que dice: "la genialidad es auto-otorgada y la mediocridad es autoinfligida" a muy temprana edad supe que cada persona podía ser todo lo inteligente que decidiera ser, aunque ese trabajo llevara muchísimo tiempo. Es verdad que hay niños que tienen más coeficiente que otros, hay chicos a los que realmente no les cuesta nada entender un problema y hay otros que no entienden por más vueltas que le den al asunto. Pero eso se ve solo hasta la adolescencia, luego las cosas se equiparan un poco y quizás las personas más brillantes se vuelven obsoletas de grandes, y los que aspiraban a ser grandes idiotas se tornan sobresalientes.

Cierto día llegó un hombre a comprar un camión cero km, a una agencia donde trabajaba un amigo que era vendedor. A la hora de firmar los papeles este hombre llamó a un asesor que lo esperaba en un automóvil y allí confesó un poco avergonzado que no sabía leer ni escribir. Un genio financiero que tenía la capacidad de comprar un camión del valor de una vivienda en efectivo no sabía leer ni escribir.

Otro día, me encontraba buscando una serie en la televisión y observé un reportaje a Lionel Messi, uno de los mejores jugadores de futbol del mundo. El futbol es un deporte que requiere mucha inteligencia, sincronización muscular y estrategia. Sin embargo, cuando escuché hablar a esta persona, tuve la impresión de que tenía una cierta discapacidad intelectual. Su dicción era tardía y pronunciaba frases vacías y repetitivas. Yo esperaba oír, de alguien tan inteligente para practicar uno de los deportes más difíciles que existen, alguna idea maravillosa, no obstante, no fue así. Uno de los más grandes genios deportivos no era un genio para expresarse.

Stephen Hawking el cerebro más valioso de los últimos tiempos, un físico brillante. No puede moverse de una silla de ruedas, salvando el problema de su enfermedad, muchos de los genios en computación o física, son inútiles para practicar deportes.

Todo esto me da la pauta de que las inteligencias de las personas no están desarrolladas por completo, sino que solo se dedican a un tipo de inteligencia específica. Nada le impide a una persona ser capaz de especializarse en más de una actividad, sin embargo, no siempre los genios conocen esto.

¿Crees que para ese hombre analfabeto sería imposible aprender a leer y escribir? ¿Crees que si los deportistas leyeran más libros no desarrollarían más su capacidad intelectual? ¿Crees que si algún genio matemático practicara deportes con la misma pasión que resuelve ecuaciones, no podría llegar a ser bueno en ello?

La inteligencia, a diferencia de lo que se creía años atrás puede desarrollarse e incrementarse. Todo comienza con la decisión de cuán inteligentes queremos ser.

Existen varios tipos de inteligencia:

Inteligencia social: es la capacidad de entender el comportamiento humano, expresiones faciales, sentimientos y emociones. Está presente en políticos y líderes de todo tipo.

La mejor forma de desarrollarla es investigando sobre comportamiento humano, generando empatía constantemente, interesándote por los demás, tomando cursos de liderazgo.

Inteligencia emocional: es la facultad de poder controlar nuestras emociones, o de poner inteligencia en nuestras emociones, de sentir inteligentemente. Está presente en líderes espirituales, sectarios.

Para desarrollar esta inteligencia es necesario conocer nuestras propias limitaciones, entender esas emociones y recuerdos que nos hacen mal y nos frenan. La mejor forma de incrementar nuestra inteligencia emocional es conociéndonos a nosotros mismos y trabajando sobre el control de nuestro yo, la meditación o el desarrollo de una actividad artística nos mantendrá ejercitando nuestra inteligencia emocional. Así también conociendo los procesos mentales que se efectúan dentro de cada emoción.

Inteligencia lógico-matemática: es la capacidad de resolución de situaciones complejas, por lo general abstractas.

Demás está decir que la forma de desarrollar este tipo de inteligencia es resolviendo todo tipo de operaciones lógicas o matemáticas, pero existen formas más divertidas de incrementar esta inteligencia: ajedrez, poker, sudoku. Este tipo de juegos y deportes mentales pueden contribuir enérgicamente al incremento de la inteligencia lógico-matemática.

Inteligencia deportiva: es la velocidad de respuesta que existe entre el cerebro y el cuerpo y la acción que le pedimos que realice concretamente.

Hay cuatro pasos para desarrollar esta inteligencia:
1. Practica
2. Practica
3. Practica
4. Practica

Inteligencia artística: es la facultad de poder llevar a materia lo que cruza por la imaginación.

Esta es una de las más complicadas de todas, no voy a mentir, existe cierto talento necesario en el arte o en los deportes que nos limitarán. Yo puedo entrenar, practicar y aprender durante toda mi vida y nunca voy a jugar al futbol como Lionel Messi. Puedo ir a las mejores academias de arte del mundo y no voy a conseguir pintar como Dalí. Pero si prestamos atención a los cuadros de Dalí, notaremos que él no siempre pintó bien, tuvo que desarrollar ese talento con la práctica. Por lo tanto, al igual que la inteligencia motriz o deportiva, la artística también se mejora con la repetición.

Inteligencia financiera: es la capacidad de poder generar ingresos, es la supervivencia y la forma de encontrar una mejor calidad de vida. Está presente en empresarios e inversionistas.

Los negocios requieren educación financiera. Para incrementar nuestra inteligencia financiera debemos llenar nuestra mente de información y de positivismo. Es quizás la inteligencia más fácil de incrementar, ya que todos somos vendedores. Hoy en la actualidad existen miles de cursos y seminarios de ventas, de liderazgo empresarial y de finanzas.

Todos estos diversos tipos de inteligencia conviven en nuestra mente de manera simultánea, ciertas veces utilizamos algunas, otras veces no utilizamos ninguna. Las inteligencias que poseemos son las herramientas que convierten nuestros pensamientos en actos, nuestros actos en resultados y nuestros resultados en finalidades.

Propiocepción

La propiocepción es la capacidad del cuerpo de detectar el movimiento y posición de las articulaciones. Es importante en las acciones comunes que realizamos a diario y, especialmente, en los movimientos deportivos que requieren una coordinación especifica. Nuestro sistema propioceptivo está compuesto por una serie de receptores nerviosos ubicados en los músculos, articulaciones y ligamentos. Estos se encargan de detectar el nivel de tensión y estiramiento muscular, la cantidad de músculos comprometidos en el ejercicio y la regulación de movilidad que ejerce cada uno de ellos. Esta información es enviada al cerebro y luego de ser procesada es devuelta con los ajustes necesarios para la corrección de los movimientos. El sistema propioceptivo entonces es un mecanismo de control donde el cerebro recibe información de lo que están haciendo cada uno de los músculos, si bien esta capacidad la poseemos todos, en algunas personas es casi imperceptible, no consiguen coordinación muscular para los deportes, sus músculos se mueven de manera aleatoria y muchas veces se mueven casi de manera independiente. Eso se debe a la falta de desarrollo del sistema propioceptivo.

El desarrollo del sistema propioceptivo es esencial para incrementar nuestra inteligencia artística y deportiva. El sistema propioceptivo es lo que define nuestra capacidad de asociación entre lo que queremos que nuestro cuerpo haga y los movimientos que este es capaz de coordinar.

Me detengo a analizar este sistema en particular, porque a nuestra mente y al resto de las inteligencias básicamente se las desarrolla con más información y capacitación, no hay grandes secretos, sin embargo, la superación personal ha dejado al cuerpo de lado durante muchísimo tiempo. Y desde pequeños el primer contacto que tendremos con la superación personal seguramente será con alcanzar algún objetivo deportivo: correr más rápido, ganar una final, entrenar más duro, etcétera.

Si la mente es el motor de nuestra vida, el cuerpo sin duda es toda la carrocería, una mente poderosa con un cuerpo inútil no es una buena pareja. Por eso es esencial que intentemos desarrollar nuestras habilidades deportivas y físicas.

Pensamiento reflejo

Un individuo no es nada más que lo que piensa. Una acción, cualquiera sea, es fruto y producto de un pensamiento, aun las acciones espontáneas provienen de algún pensamiento bien guardado en la mente subconsciente. Nos encontramos ante cualquier situación y lo primero que hacemos es tener un pensamiento, o una reacción, pero esa reacción es producto de una serie de pensamientos anteriores.

El pensamiento es el disparador de la acción, las acciones producen consecuencias, esto está determinado por un principio absoluto, la ley de causa y efecto. El pensamiento reflejo es la manifestación activa de lo que ponemos en nuestra mente, es la parte fundamental de la inteligencia financiera, es lo que permite a un vendedor tener la respuesta para rebatir una objeción, es lo que hace que personas que nacieron pobres logren amasar fortunas. También puede ser aplicable a otro tipo de inteligencias, sin embargo, no es tan imprescindible como lo es en la inteligencia financiera.

Nuestra capacidad cognitiva es uno de los factores que determinan al pensamiento reflejo, si logramos incrementar la misma podemos optimizar la habilidad de:

- Procesar la información rápidamente.
- Realizar mejores decisiones por unidades de tiempo.
- Realizar múltiples tareas de manera simultánea.
- Recuperar información antigua más rápidamente.
- Aprender información nueva con mayor facilidad.
- Concentrarse en presencia de distractores.

El que más sabe por lo general es el que más dinero gana, quien se está actualizando constantemente es quien mejores resultados obtendrá. Para generar pensamientos-reflejo adecuados, hay que llenar nuestra mente con la información adecuada.

Intuición y pensamiento racional

La intuición tiende a mejorar la inteligencia social y emocional, mientras que el pensamiento racional se aboca a la inteligencia lógico-matemática. Estas dos variantes de pensamientos deben mantenerse equilibradas para aprovechar las diferencias favorables de cada una y permear las desventajas que ofrecen.

INTUICIÓN	PENSAMIENTO RACIONAL
innata	adquirida
puede desarrollarse	debe desarrollarse
no es fácil de identificar o interpretar	es muy sencillo identificar
tu mente mantiene la calma	tu mente se acelera
el tiempo presente se dilata	el tiempo presente se acorta

Pensar en no pensar

Durante el siguiente minuto enumera todas las cosas que conozcas que comiencen con la letra "C", ahora quédate un minuto sin decir absolutamente nada. Este proceso le da a tu cerebro un vaciamiento que orienta a incrementar su creatividad y respuesta resolutiva. Pensar en no pensar es tratar de hacer que nuestra mente ejecute en un periodo de tiempo la menor cantidad de acciones posibles.

Lo que tratamos de hacer es una especie de servicio del automóvil, apartar el pensamiento discursivo, lógico-racional y conceptual por unos momentos y dedicarnos a la sensibilidad y detectar la realidad tal cual es, ya que la imaginación y el intelecto interrumpen la interpretación real de las cosas.

Aunque tratemos de detener el cerebro durante un solo segundo, no lo lograremos, la mente no se callará, pero podemos observar los pensamientos desde un costado. Apartarse de la mente por algunos minutos, de nuestros recuerdos y teorías, de nuestras emociones y razonamientos, nos acerca a captar una sensación de la vida que no se tenía.

Tenemos una idea, cualquiera sea:

- Pensamos a favor.
- Pensamos en contra.

Si queremos ver esa idea en su realidad, no debemos pensar en lo que nos pasa a nosotros con esa idea, sino en lo que la idea es en sí misma.

Pensar pensando

Racionalizar, en realidad, significa encontrar la mayor cantidad de datos acerca de una idea y armar una estructura firme acerca de un pensamiento en particular. Tu cerebro se encarga de rejuntar las partes y lo que sucede es que creemos que pensamos cuando en realidad no lo hacemos y creemos que meditamos cuando en realidad tampoco lo hacemos.

Si puedes responder a este cuestionario sinceramente te darás cuenta de que no estuviste pensando demasiado tiempo.

- ✓ ¿Cuántas de tus creencias son realmente tuyas?
- ✓ ¿Cuál fue la secuencia lógica que te llevó a ser seguidor de tu equipo deportivo?
- ✓ ¿Hubo una secuencia lógica y una decisión propia o simplemente te lo impusieron o hiciste lo que otros hacían?
- ✓ ¿Crees en dios?
- ✓ ¿De dónde salió tu certeza de que existe o de que debías creer en él?
- ✓ ¿Es casualidad que tu familia profese la misma religión que tú?
- ✓ ¿Perteneces a algún partido político?
- ✓ ¿Quién de tu entorno también pertenece a ese partido político?
- ✓ ¿Tienes mascota? ¿Amas a los animales?
- ✓ ¿Quién te dijo que debías tener mascota?
- ✓ ¿Cómo te vistes? ¿Cómo se visten tus amigos?
- ✓ ¿Crees en fantasmas, ovnis, reencarnación? ¿Te ha ocurrido algo en particular que te llevó a creer en ello o simplemente crees porque sí?
- ✓ ¿Cómo es tu carácter? ¿Y el carácter de tu padre o madre?

Piensa en cada una de las cosas que crees, en cada uno de los principios que adoptaste y busca cuántos de ellos son ideas propias y cuántos los has seguido y tomado de otras personas. Ahora compara cada una de esas creencias con lo que sucede en la realidad, ¿puedes afirmar que esas creencias te condujeron a buenos resultados?

Interés y fluido

La única manera de mantenernos concentrados en algo es mantenernos interesados. Aquí aplicaremos el mismo concepto que en el Principio 1, cuando decíamos que en realidad la mente prefiere no hacer nada, sin embargo, si encuentro un desafío, una pasión que me mantenga entretenido en lo que estoy haciendo, se pone de manifiesto algo llamado "el fluido" que es cuando la persona y el momento desaparecen y solo queda la acción que se está realizando. Les sucede a los artistas cuando tocan su instrumento en el escenario, que el público desaparece para ellos, a un boxeador cuando tiene a un rival en frente, a un deportista ante un desafío y demás. Lograr que nuestro interés se transforme en fluido, significa conectarnos con hacer realmente lo que amamos.

- Haz una lista de las cosas que más te gusta hacer.
- Haz una lista de las cosas que mejor haces.
- Haz una lista de las cosas que haces cuando estás de vacaciones.
- Haz una lista de las cosas que más beneficio económico te traen.
- Haz una lista de las cosas que más te quitan el estrés, que te relajan.
- Haz una lista de las cosas que más beneficio físico te traen.
- Haz una lista de las cosas que la gente más halaga de ti, que te hacen sentir importante.

Encontrarás el fluido más rápido de lo que crees si solamente realizas algunas de estas actividades.

El espíritu cree, la mente crea...

La mente solo se pone metas que sabe que puede alcanzar, a mí no se ocurriría tener como objetivo poner una estación espacial de transbordadores hacia la Luna, porque no tengo la más mínima idea de lo que se trata todo eso. Por eso es muy importante descubrir cuáles son nuestros verdaderos talentos, aspiraciones y sueños. Porque nuestro instinto sabe bien en quién vas a convertirte, o qué es lo que quieres ser realmente.

La mente pone de manifiesto lo que el espíritu se empecina por forjar, desde nuestro interior se elaboran las herramientas para desatar nuestro potencial. El espíritu es lo que nos empuja a buscar eso que queremos, luego la mente establece la manera de lograrlo.
El espíritu cree, la mente crea, el cuerpo elabora. Este es el eslabón más importante de la cadena. El trabajo del cuerpo es lo que define los resultados. Si quieres puedes meditar, pero jamás en los años que llevo meditando, me ha caído una bolsa de dinero en la cabeza o las cosas se han realizado solas.

Por eso en este punto queremos establecer el enlace crucial entre la mente, el cuerpo y el espíritu. Los tres trabajando para el mismo objetivo y en afinidad. Esto significa, si mi mente quiere que yo sea deportista, y mi cuerpo está consumiendo hamburguesas, gaseosas, pastas y durmiendo, entonces hay algo que no está funcionando en armonía. Si entrenas todo el día tu cuerpo, pero en tu cabeza almacenas pensamientos negativos, derrotistas o llenas tu mente de información basura, entonces no existe una relación entre las partes individuales que te conforman.

Preguntas incorrectas

El estado de ánimo se organiza mediante preguntas, las respuestas inconscientes a las preguntas que me hago a mí mismo son las mismas que determinan la manera en que me voy a sentir o a cómo voy a pensar.
Las preguntas incorrectas generan una trampa a la mente, debido a que ella siempre buscará refugiarse dentro de sí misma para buscar respuestas.

Si me pregunto, por ejemplo: "¿Por qué me sucede siempre esto a mí?". La mente tiende a buscar la respuesta más sencilla: "Porque te lo mereces, idiota".
Haz preguntas necias y obtendrás respuestas necias. Haz una buena pregunta y obtendrás una buena respuesta. El mejor alumno no es el que da las mejores respuestas sino el que hace las mejores preguntas.

¿Qué he hecho para merecer esto? ¿Por qué nadie me ayuda? Estas son preguntas que tienen su raíz en convertirme en víctima, por lo tanto, las respuestas van a estar relacionadas con el sentimiento de victimización. Las víctimas consiguen atención. Desde pequeños hemos equiparado el amor con la atención, y esto forma en nuestra mente un concepto del amor que tiene que ver con la atención que recibimos, con lo importantes que nos hagan sentir o con las cosas que hacen por nosotros. Nunca nos enamoramos de una persona por lo que ella es. La víctima nunca es demasiado exitosa.

¿Por qué tengo tanta mala suerte? ¿Por qué me abandonaste, dios? Estas preguntas producen en mi cerebro la idea de que la suerte o la divinidad son las responsables de mi destino y me dan opciones que tienen que ver con la improductividad. Ya que, si es culpa de la suerte, nada puedo hacer al respecto. Por lo tanto, las respuestas que mi mente elaborará corresponderán a: "esperar que esto mejore" o "rogar que mi situación cambie".
En ninguna de las dos soluciones tengo participación.

Si en cambio me pregunto: ¿Cómo puedo resolver esto? ¿De qué manera salgo adelante? ¿Qué puedo hacer para ganar un ingreso extra? Nuestra mente comenzará a trabajar en la solución y solamente será cuestión de tiempo para que dé con la respuesta.

Cómo piensas, cómo eres

Todo pensamiento conllevará una acción correspondiente en algún momento determinado, ya consciente, ya inconscientemente. La repetición de acciones generará un hábito en nuestra conducta. La suma de nuestros hábitos es lo que forjará nuestro carácter. Nuestro carácter es lo que determina nuestro comportamiento y nuestro comportamiento elabora paso a paso lo que será nuestro destino.

Si estás deseoso de superar las circunstancias en las que te encuentras, primero tienes que estar deseoso de superarte a ti mismo, porque tú eres es la causa de lo que te sucede. Cuando dejes de lamentar y maldecir, y comiences a tomar control sobre tu vida, tomarás entonces control sobre tu destino. El destino no puede traerte y llevarte de las narices.

Supongamos que tu destino está trazado, que el amor de tu vida se presentará un jueves por la tarde cuando tú tuvieras treinta años. Ahora el amor de tu vida se presenta, si tú estás de mal humor, se te acercará y lo espantarás, aunque tu destino sea hallarlo, no lo será conservarlo. Este ejemplo ilustra la influencia casi absoluta que tienen nuestras acciones, decisiones y comportamiento sobre nuestro destino.

Tenemos la libertad de pensar en la forma y de la manera que se nos antoje, pero nunca estos pensamientos podrán ocultarse, un pensamiento determinado genera una emoción, esta emoción se traduce en lenguaje corporal, cualquiera que haya estudiado esta disciplina puede adivinar lo que estás sintiendo interpretando lo que tu cuerpo expresa, y si adivina lo que estás sintiendo, puede determinar mediante una secuencia lógica, cuál fue el pensamiento que te llevó a esa sensación. La persistencia de ese pensamiento generará un hábito, la repetición de ese hábito forjará un carácter, (tu propio carácter) y la forma en que te desenvuelvas corresponderá a la forma en que gobiernes tu carácter o tu carácter te gobierne a ti. Todo esto elaborará tus resultados en la vida. Si hay una persona que tiene tus mismos resultados, lo más probable es que piense idéntico a ti.

En su pensamiento, el ser humano forja las armas con las que se destruye. Pero también elabora las herramientas con las que construye su destino. Las personas piensan que son creadas y forjadas por factores externos o por experiencias de vida. "Lo que me sucedió es lo que soy", "soy así porque me pasó tal cosa". Cuando en realidad: "soy así por lo que pensé cuando me pasó tal cosa" "soy de esta manera por lo que puse en mi mente luego, antes o durante esa situación determinada". Lo que me forja es el factor interno, lo que pongo en mi mente. Las circunstancias no hacen a una persona, sino que revelan su identidad, y esa identidad proviene exclusivamente de su manera de pensar. Decía James Allen: "Los pensamientos de duda y temor nunca han logrado una meta, y nunca podrán".

Si piensas que eres un idiota: lo serás.
Si piensas que eres un genio: lo serás.

Los pensamientos que sostengas con mayor convicción son los que determinarán quién eres, ya que ellos se antepondrán a tu comportamiento cuando no tengas el tiempo suficiente para pensar en qué hacer.

La voz interior

"Sabía que no debía confiar en tal persona", "algo me decía que no debía ir". Tenemos una especie de percepción, intuición o corazonada mucho más poderosa de lo que creemos.
Muchas veces la incapacidad que la mente tiene de crecer es justamente que nosotros no se lo permitimos, la aplacamos todo el tiempo con pasatiempos y no la ejercitamos nunca. Perdemos horas frente a la TV y cuando quiere decirnos algo, le contestamos: "no es así, te habrá parecido, no seas desconfiada". La mente desconfía porque mientras nosotros estamos —como seres ilusos que somos— dispuestos a creerle a cualquier vendedor barato de ilusiones, ella está alerta a que no nos dejemos engañar. Pero si cada vez que quiere actuar se lo prohibimos, entonces cada vez perderá oportunidad de desarrollar sus capacidades; capacidades que quizás ni sabemos que tenemos. ¿Intentamos alguna vez mover algo con la mente? No. Eso es imposible, y seguramente lo es, pero nadie lo sabe porque nadie lo intentó, nadie lo corroboró, sólo decimos que es imposible y listo. Quizás el ejemplo es algo extremo, pero en otros casos

¿sabemos si somos buenos músicos? A menos que tomemos un instrumento y practiquemos durante algunos años, no lo sabremos nunca; es más fácil decir: "no es lo mío", "no sirvo para eso". **Mentira, nunca lo intentamos**. Lo más probable es que seamos malos músicos, pero la cuestión no es esa, sino que no lo sabemos, nos damos como perdedores, como inútiles y ya está, todo el problema resuelto. Así es nuestra vida, no podemos y como no podemos, para qué lo vamos a intentar, para qué vamos a perder el tiempo.

El sistema de error:

Nuestra mente tiene una funcionalidad que se llama "sistema de error". Nuestro cerebro está liberando dopamina casi constantemente, tiene segregaciones altas de esta hormona que es un neurotransmisor encargado de avisar al cerebro que algo bueno le está por ocurrir. De esta manera, cuando estamos por tener sexo, el cerebro libera dopamina, cuando un adicto está por consumir una droga el cerebro libera dopamina y así con cada una de las cosas que nos generen placer el cerebro va a liberar esta sustancia. Cuando algo malo está por suceder, pareciera que el cerebro lo predice, pero en realidad en nuestro sistema límbico almacenamos todas las experiencias que fuimos teniendo durante nuestra vida y cuando algo malo nos está por ocurrir, el cerebro hace una recorrida, identificando todas las situaciones y variables que pueden llegar a suceder y nos avisa que algo malo está por pasar, bajando la secreción de dopamina. ¿Cómo sabe la hormiga que va a llover? ¿Cómo supieron los animales para saber que iba a venir un tsunami? En ellos se activó este sistema de error que les advirtió, por una serie de circunstancias externas lo que iba a suceder.

Desarrollo de la voz interior

En primer término: tenemos que aceptar que existe, que está allí por algo, que ese algo es orientarnos, protegernos y ayudarnos. Porque al igual que el resto de lo que conforma nuestro yo, este sistema está en constante crecimiento y se deteriorará algún día.

En segundo lugar: tenemos que saber que para que algo evolucione, se desarrolle y crezca, debe esforzarse, superarse, tener confianza en sí mismo, constancia y disciplina en el entrenamiento.

Tercer paso: lo primero que hacemos cuando alguien nos miente es no hablarle más, o tacharlo de mentiroso y restarle atención, **error**. Cuando alguien nos miente, sólo debemos no creerle más o no confiar más en él, pero continuar hablándole, que nos mienta cada vez más y de esta manera ejercitamos cómo hacer para descubrir su mentira, cómo la expresa, qué gestos hace, y demás. Pero sin dejarlo en evidencia; este debe ser un proceso interno, un desafío, nada más.

Cuarto paso: tratémosla como a una entidad viviente, no la subestimemos o se nos echará en contra, agradezcámosle cuando nos evita un malestar, y disculpémosla cuando se equivoca, pero mantengámonos en armonía porque estará con nosotros por el resto de nuestra vida, que esté molestando o ayudando, dependerá de nosotros.

Quinto paso: cada célula de nuestro cuerpo tiene vida propia y cada conjunto de células (órgano) también. Cuando nos lastimamos, por ejemplo, no estamos pensando en cicatrizar, las células van directo a sanar la herida, nuestro corazón late sin que nadie se lo pida, así es la esencia motora que nos da vida. Y como tal, nuestra voz interior forma parte de este conjunto de fuerzas y materia que somos nosotros mismos como individuos.

¿Qué sucede cuando depositan confianza en nosotros? Tenemos más ganas de hacer las cosas y mejor predisposición. Nos esforzamos por no fallar. Este mismo mecanismo funciona con nuestra voz interior.

Se nos revuelven las tripas

La conformación de nuestro cuerpo y la formación como individuos se divide en cuatro etapas:

Protoesquema genético
Preesquema funcional
Imagen corporal
Relleno corporal

Vayamos al que nos interesa de verdad: "el preesquema funcional" que es donde se encuentra el sistema de órganos que primero va a tener contacto con el exterior, que comunica como ninguno con el mismo y que más desarrollado está para interpretar lo que sucede a nuestro alrededor. En la novela gráfica de Frank Miller, "Sin City", Marv está sentado junto a una hermosa mujer llamada Goldie y comenta que nada de lo que ve, le hace suponer que esa chica está muerta, salvo el intenso revoltijo de tripas que siente, que le avisa que algo anda muy mal. El sistema digestivo además de ser el primer sistema que se desarrolla es el que más se conecta con el resto de los sistemas, es el que más canales de entrada-salida posee y es el que más comunicación tiene con el exterior. No es de sorprender que tenga un nivel de interpretación eficaz para determinar situaciones que nos rodean, ¿qué sucede una vez más? No le prestamos atención, la vista nos perdió tanto con sus fascinaciones de colores y formas, y la música nos saturó tanto el oído, que ya no le prestamos atención a los sentidos que más nos advierten y nos protegen. Jamás seguimos nuestro olfato más que para comer.

Ejemplo: tenemos una charla con alguien, decimos muchas cosas y nos dicen otras tantas. En ningún momento nos demuestran que se sintieron ofendidos por alguno de nuestros comentarios, pero nos retiramos con esa extraña sensación de que algo dijimos de más, de que algo le molestó, aunque no haya dado ningún indicio de ello. Y ¿dónde lo sentimos?, en el estómago. Nos levantamos a la mañana pensando que estuvimos mal con alguien y quizás no sepamos en qué momento o de qué forma, pero la voz interior nunca se equivoca porque es un sentido más. Si acercamos fuego a nuestra piel y nos quemamos ¿podríamos dudar que el tacto se equivocara al sentir la quemadura y provocarnos dolor? De ninguna manera, por lo tanto, la voz interior no se equivoca cuando algo le huele mal. A diferencia de los otros sentidos que son específicos, éste no sabe bien qué es lo que está funcionando inadecuadamente, pero lo presiente y nos lo hace sentir de algún modo.

Autoeducación

Toda cultura, según sus circunstancias históricas, tiene una determinada manera de ser, y según ello construye sus condiciones de relación interpersonal, sus modos de vinculación familiar, su arte y sus estilos de recreación, así también como sus enfermedades. Quiero decir que cada sociedad enferma, así como vive. Por ejemplo, en los tiempos actuales y en nuestro medio, altamente competitivo, los modos de ser valorados como deseables son los que implican capacidad de uso de la agresión, bloqueo de los afectos y disminución del autocontrol moral. Entonces, no es de sorprender que nuestros modos de enfermar sean los que tienen que ver con la agresión: depresión, violencia, suicidio. Esto trae como consecuencia directa que no enfermamos de nuestras enfermedades, sino de nuestros remedios.

Quizás hubiera formas de prevención, pero durante toda nuestra estadía por el ciclo escolar nunca vemos materias tales como: persistencia, motivación, dominio de emociones negativas, etcétera. Todas estas habilidades jamás son desarrolladas.

El sistema educativo mundial está tambaleando, nunca en la historia de la humanidad la escuela fue más obsoleta de lo que es ahora. Los maestros y profesores necesitan una reeducación adaptada a las necesidades del nuevo mundo o las escuelas tal como las conocemos tenderán a desaparecer. El adolescente sale del colegio sin herramientas para desenvolverse en la sociedad. Y algunos padres hasta el día de hoy están tan arraigados a las viejas normas que no son capaces de verlo. Ya, mucho antes de terminar sus estudios, el joven presiente que lo que está aprendiendo no tendrá jamás aplicación práctica en su vida. Estamos viviendo en plena transición de la era industrial a la tecnológica, y, ante el final o la decadencia de la primera, la educación general está quedando añeja, porque fue edificada sobre el modelo de lo que pretendía la fábrica, por eso las bases fundamentales son la puntualidad, la obediencia y el trabajo repetitivo. El trabajo de la fábrica exigiría obreros que lleguen a horario para cumplir sistemáticamente sus tareas, por eso los alumnos ingresan a las ocho de la mañana a la escuela para acostumbrarse a ingresar más tarde a la misma hora en la fábrica u oficina. La obediencia es crucial para que el joven acate, sin discusión alguna, las órdenes procedentes de los directivos, y por último el trabajo mecánico y repetitivo que nunca permite ningún tipo de crecimiento intelectual o social.

A la mayoría de los padres les cuesta asumir que enviar a sus hijos a la escuela clásica, es una verdadera pérdida de tiempo, y hasta podría llegar a ser contraproducente, ya que lo que aprenderá allí, contrastará de forma cabal con el mundo al que se enfrentará más tarde. La información se renueva e incrementa de una manera tan acelerada que resulta risueño aprender conceptos de programas educativos que llevan décadas sin readaptarse, sin reacondicionarse, sin que nadie revise si aún funcionan. Los sistemas educativos de todo el mundo tienen a la educación congelada, estancada en el tiempo.

¿Cuántas veces en la vida hemos conocido genios humorísticos trabajando en talleres que odiaban? Deportistas increíbles empleados en una línea de producción ganando el salario mínimo, dibujantes excepcionales reponiendo góndolas en supermercados, gente con mucha capacidad en áreas que nunca explotarán.

La enseñanza ha perdido el rumbo, los talentos de las personas duermen y crean personalidades infelices. Si nadie toma las riendas de la nueva educación el único camino posible es la autoeducación. Solo cuando las escuelas de todo el mundo pierdan a la mayoría de sus clientes, revisarán en qué está fallando el producto que están ofreciendo a un mercado tan competitivo. La educación está ofreciendo carretas cuando lo que el mundo utiliza y necesita hoy en día, son automóviles.

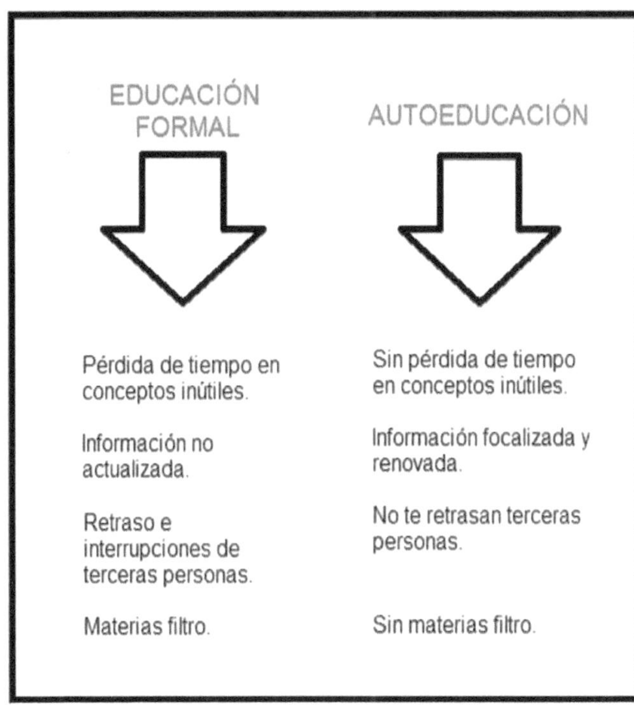

La educación actual como ya hemos advertido no resalta los talentos, por el contrario, los aplaca, nivela los pensamientos y obliga a todos a ecualizar sus capacidades en un término medio: "No seas lo suficientemente inteligente para no dejar como un tonto a tu maestro, pero tampoco seas demasiado tonto o dejarías en evidencia las falencias del sistema educativo"

Un ejemplo claro de la inutilidad del sistema educativo actual es la memorización de conceptos para los exámenes. Los alumnos ingresan en sesiones tediosas y repetitivas de conocimientos que olvidarán a los pocos segundos de haber concluido el examen, quedando el interés por lo que se estudia, el entendimiento y la comprensión totalmente descartados.

111

Sin recibir ningún apoyo ni de la psicología, ni de ninguna otra ciencia social, la educación es una quimera que agoniza. Por eso muchas personas hoy día optan por autoeducarse, o por complementar la educación formal con la autoeducación.

De esta manera vamos a reemplazar o complementar la educación nula, por la educación realmente necesaria, aplicable y actualizada. Hoy en día se puede asistir a cursos, seminarios y talleres desde la comodidad de nuestra casa. Hoy podemos recibir capacitación real y actual, con métodos probados y desarrollados por personas que han conseguido los resultados que tú buscas.

Del error no se aprende

Si el error diera indefectiblemente como resultado una sabiduría, viviríamos cometiendo errores y seríamos las personas más sabias del mundo, sin embargo, no es así, debe haber una reflexión, como puente entre el error y la sabiduría.

> ERROR→ REFLEXIÓN → SABIDURÍA

No valoramos el error, valoramos la enseñanza que nos dejó. Pero esa enseñanza se la debemos exclusivamente a la manera en que pensamos luego de cometer dicho error.

Antes de la Revolución Industrial, las personas vivían en grandes grupos familiares donde cada uno ocupaba una tarea relacionada con la tierra, el ganado, la elaboración de productos, etcétera. Una vez llegada la era industrial las familias se vieron reducidas adaptándose a las exigencias de la fábrica, que demandaba movilidad. La educación, en la era agrícola, era personal y dirigida. Si vemos alguna película de época, notaremos que las familias adineradas hacían venir a maestros particulares que brindaban la enseñanza básica en la propia casa del alumno, de acuerdo con lo que sus padres deseaban que el niño aprendiese. Más tarde, con la llegada de la industrialización la enseñanza se unificó en las escuelas, y se programó, más que nada a nivelar la educación. Como ya advertimos, hoy en día la autoeducación está ganando el terreno que la educación general tenía hasta no hace mucho.

Encontrar el verdadero talento a temprana edad es quizás una de las principales ventajas con las que puede contar un individuo. Lo que ocurre es que muchas personas con pensamientos rígidos no se adaptan a los cambios cada vez más veloces con los que se mueve el mundo. Antes, una idea podía ser nueva y mantenerse constante durante años, hoy día lo que es nuevo tarda solo un mes, una semana o unos pocos días en volverse viejo y trillado. Si una fórmula funcionó la semana pasada, puede que hoy no, y si la persona no se ajusta a la realidad o no tiene la capacidad de reconocer que está equivocando el rumbo, entonces se hundirá junto con sus ideas. Imagínese un vendedor de carretas que era famoso y rico en su pueblo, queriendo vender su producto en una ciudad actual... eso es precisamente lo que está ocurriendo tanto con la educación, como con la forma de vivir, hacer negocios, pensar y obrar de las personas. La mayoría de la gente del pasado ha quedado arraigada a la obstinación. La perseverancia por sostener un ideal o por concretar un sueño, puede convertirse en una convicción que nos permitirá sobresalir en nuestra área, pero la necedad de aferrarnos a una idea que se derrumba, junto con un mundo que la sepulta por antigua, nos estancará en un callejón sin salida. ¿Por qué es tan difícil hacer cambiar de parecer a una persona mayor? Porque entonces tiene que asumir que estuvo equivocada toda su vida y las personas piensan que ya no hay tiempo para cambiar.

Gandhi apoyó las castas toda su vida y a la edad de setenta años se dio cuenta de que había estado equivocado y comenzó a actuar de acuerdo con su nueva forma de pensar, muy a pesar de lo que asumir ese error le costó. ¿Cuántos de nosotros tenemos el valor de admitir un error y afrontar las consecuencias del mismo?

La obstinación no es otra cosa que una de las raíces malformadas de nuestro orgullo, un cimiente que jamás conducirá a nada productivo. La obstinación no permite admitir el error y sin la identificación del error, no puede haber una reflexión y mucho menos un aprendizaje.

Cuando una idea nueva viene a contrastar con las ideas que ya teníamos almacenadas en nuestro cerebro nuestra mente va a intentar eliminarla. Porque como ya dijimos, la mente tiende a armonizar. Por eso es tan difícil aceptar ideas nuevas y cambiar los paradigmas. La necedad es el resultado final de permanecer demasiado tiempo en nuestra zona de confort, ya que nuestra zona de confort nos repite: "no aprendamos nada nuevo", "quedémonos con lo que ya sabemos"

Es muy fácil ser necio, basta con no acepar nada nuevo, que nadie me diga que estoy equivocado, que nadie me diga cómo tengo que cambiar algunas conductas erróneas. Cuando yo no quiero escuchar todo esto, me refugio en un arma muy poderosa, un sistema de creencias preestablecidas que es la necedad. La necedad es: "yo ya me las sé todas", "a mí nadie me va a enseñar nada nuevo". Entonces a partir de todo esto, puedo mantenerme en mi zona de confort con una justificación adquirida. Por eso del error no se aprende a menos que salgamos de nuestra zona de confort.

Mente maestra

Pueden ocurrírseme las mejores ideas del mundo, sin embargo, el momento en que más creativo soy, es cuando estoy con gente más creativa que yo. De una idea mía, surgen diez mucho mejores, y de cada idea que estas personas aportan, yo puedo desarrollar muchas más. Relacionarnos con personas más inteligentes que nosotros aumenta nuestra inteligencia y nuestra productividad mental, no solo porque nos ayuda a ver aspectos que no teníamos en cuenta o a tener una perspectiva diferente, sino porque nuestra propia capacidad creativa se amplía.

A este proceso se lo conoce comúnmente como tormenta de ideas. Existen varios métodos de ejecutar la tormenta de ideas, pero consisten esencialmente en la diversificación de elementos lógicos o creativos y en la superposición de propuestas.

Si formamos un grupo maestro de tormenta de ideas, podemos incrementar nuestra creatividad y direccionar nuestra productividad.

- Por cada crítica debe haber una propuesta.
- Las ideas no se subestiman.
- Busca gente más inteligente que tú, si resulta que eres muy inteligente y no encuentras personas más inteligentes que tú, busca a los que estén en tu mismo canal.

Luego de un periodo de tiempo, puedes desarrollar tu propia mente maestra. Basta con imaginar qué opinaría cada uno de los componentes del grupo ante una situación determinada. Aunque nunca dará los resultados que en una verdadera mente maestra con personas de carne y hueso. Las ideas, experiencias y conocimientos de otras personas son las herramientas que buscamos en este tipo de técnicas. Por lo tanto, debemos tratar de llevar a cabo la mente maestra al menos una vez cada mes. Si pudiéramos realizarlo una vez por semana sería lo ideal. Veremos cómo nuestras ideas comienzan a tener cada vez mejor direccionalidad, cómo nuestra creatividad aumenta y cómo desarrollar nuevas propuestas o resolver conflictos resulta cada vez más sencillo.

Hacia donde pensamos

Soy extremadamente inteligente, hablo varios idiomas, resuelvo situaciones que quizás otros no puedan resolver, me desenvuelvo con gran facilidad, quizás tengo un buen ingreso, pero ¿hacia dónde dirijo mis pensamientos? ¿En qué está centrada toda mi inteligencia?

Si mis pensamientos no están enfocados en un propósito no están enfocados en nada. Si aprendo un idioma solo para hacer alarde de mi manejo de una lengua extranjera, si estudio mucho de un tema solo para impresionar a alguien, mis conocimientos tanto como mis pensamientos solo vagarán como un barco a la deriva.

PENSAMIENTO ⇌ PROPÓSITO

Mi inteligencia y mi conocimiento serán eficientes en tanto mantengan un enfoque de direccionalidad. ¿Cuántas veces hemos conocidos genios que por no tener un enfoque desperdician su genialidad? Si estás en un trabajo mediocre no sirve de nada ser un genio, ya que nunca podrás desarrollar tu genialidad. Esto es

116

similar a tener enjaulada al ave que más alto vuela, ¿quién puede acreditar que es realmente el ave que más alto vuela estando encerrada?
Si no me genero yo mismo la oportunidad de desencadenar mi potencial, entonces mi potencial es nulo.

El propósito es lo que mantendrá a mi mente en constante crecimiento, porque mi cerebro generará parámetros de lo que realmente necesita aprender y de la manera más solvente de hacerlo. Se volverá más activa y dinámica a causa de tener en claro su rumbo y estar enfocada en él, y se desliga del trámite de seleccionar lo que le conviene, porque ya estará más que claro.

Nuestra conducta son solamente impulsos eléctricos que atraviesan nuestro cerebro. Tan simple como eso. La idea de nuestro propósito es lo que direcciona nuestra conducta, los impulsos eléctricos son dirigidos por estas ideas que dan forma a lo que somos como individuos.

Detengámonos entonces a evaluar hacia dónde pensamos, cuáles son nuestras inquietudes, en qué estamos enfocados. Si estamos realizando una tarea, pero pensando en otra, lo más probable es que no realicemos ninguna de las dos. Si tenemos todo el talento necesario, pero no lo canalizamos, no lo ponemos en práctica entonces no valemos más que una persona obsoleta. Pienso hacia donde voy y voy hacia dónde pienso.

CUESTIONARIO INTERACTIVO

1-¿Cuánto tardaste en leer el último libro que leíste?

2-¿Cuánto tardarías en leerlo si hicieras un curso de lectura veloz?

3-¿Cuándo fue la última vez que enseñaste algo?

4-¿Realmente piensas que si aprendieras algunas cosas más tu mente quedaría agotada?

5-¿Cuándo fue la última vez que te anotaste en un curso, seminario o que compraste material que te permita aprender y crecer?

6-¿Cuántos cursos tomaste este año?

7-¿Cuántos de esos cursos terminaste?

8-¿Podrías dar un seminario de los temas que crees que eres experto o que sabes demasiado?

9-Cuando hablas de un tema: ¿cuántas personas te escuchan y te prestan atención porque saben que van a aprender algo?

ACTIVIDADES

1-Aprende otro idioma, braille, lenguaje de manos.

2-Toca un instrumento musical o realiza alguna actividad artística. Tocar un instrumento es una de las actividades que más partes del cerebro requiere para realizarla. Se dice que una persona que toca un instrumento musical adquiere con ello una inteligencia adicional.

3-Intenta ser ambidiestro. Es una buena manera de comenzar a equilibrar los dos hemisferios del cerebro.

4-Haz un curso de lectura veloz. Son muy fáciles e incrementan nuestra forma de almacenar datos y de recibir información por el canal visual, así podremos duplicar nuestra velocidad de lectura, comprensión del texto y retentiva.

5-Lee, investiga y desarrolla la información adquirida, evalúala, compárala con tu enciclopedia o conocimiento de campo y que surja información nueva o transformada.

6-Ríe, inventa chistes.

7-Elabora cuadros sinópticos, mapas mentales y aplica técnicas de memorización.

8-Convéncete que lo vas a aprender y que serás experto en la materia que estás estudiando.

9-Escribe un diario.

PRINCIPIO 5
"CREA TUS PROPIAS HERRAMIENTAS"

Entras a un consultorio médico, tienes una fuerte afección que ya te resulta muy difícil de sobrellevar. El doctor se hace presente en la sala y mientras examina tu ficha médica te pregunta: "¿qué es lo que te sucede?" Tú lo observas fijamente y le respondes: "averígüelo usted mismo, para eso es médico". El profesional te mira desconcertado y te dice que eso es ridículo. Tú le contestas que has pagado mucho dinero por la consulta y que mereces atención. Así que le dices que haga su trabajo, pero que no le dirás nada.

El médico comienza a hacer los exámenes, realiza estudios, análisis y tratamientos para ver cómo reacciona tu cuerpo. Al cabo de seis meses logra dar con el diagnóstico correcto. Fue una pérdida innecesaria de tiempo y dinero. Si tú le hubieras ayudado, el diagnostico se habría conseguido en pocos días ¿por qué? Porque nadie conoce tu cuerpo mejor que tú, nadie puede decirte si te sientes mal o bien, si tienes frío o calor, nadie puede describir tus síntomas, dolores o malestares, a menos que se manifiesten en forma externa.

Ahora, pretendamos que yo soy el médico y tú el paciente. Por más deseos que yo pueda tener acerca de que logres todo lo que te propongas en la vida, y tenga todas las fórmulas, métodos y estudios, sin tu ayuda no podré ayudarte. Porque solo tú sabes qué puede servirte y qué no, o de qué manera implementarlo.

Maestro de tus instrumentos

Muchos aseguran que no se puede hacer muchas cosas al mismo tiempo, o encarar varios proyectos de una vez, que es mejor enfocarse en una sola cosa, sin embargo, Da Vinci, Russel o Edison tuvieron más profesiones que dedos en las manos y todas las realizaban de manera prodigiosa. Algunos dicen que la fórmula del éxito es la persistencia. Otros afirman que cuando dejas de buscar algo, esto comienza a buscarte a ti por la ley de la atracción. Esto da como testimonio que lo que puede resultar a un individuo, puede no resultar a otro. Cuando una persona se embarca en esta tarea incansable de superarse a sí misma, resulta que adquiere cursos que prometen métodos infalibles para alcanzar objetivos, mejorar la autoestima y demás, pero luego se encuentra con que las fórmulas que le dan resultado a una persona, en un tiempo y en un espacio determinados, pueden no darle resultado a otra. Para eso he decidido implementar una nueva estrategia: "crear tus propias herramientas". Una situación simple que sirve como ejemplo me ocurrió cuando comencé a necesitar de una agenda para programar mis días, resultó que al final opté por elaborar mi propia agenda, ya que ninguna de las que había en el mercado lograba adaptarse a mis necesidades.
Crear tus propias herramientas te ayudará a no abandonar técnicas comprobadas solo porque a ti específicamente no te han dado resultado, sino a desglosarlas y readaptarlas a ti.
Imagina el primer Principio que establecí, "la inercia", no puedo asegurar que puede funcionarle a un melancólico porque este principio contrasta en gran parte con su personalidad y nadie quiere dejar de ser él mismo, porque siente que se está traicionando, pero a un colérico, el primer Principio le funcionaría extraordinariamente. El melancólico podrá, no obstante, buscar diferentes puntos convenientes del primer

Principio y establecerlos en su vida o adaptarlos a su forma de ser, para mejorar sus resultados. De esta manera implementando este Principio podrás reorganizar todas aquellas metas que hayas dejado de lado, y todas aquellas técnicas que no te hayan dado resultado.

Conócete a ti mismo

¿En qué eres bueno?
¿Qué podrías hacer durante todo el día?
¿Qué te gusta hacer?
¿Podrías hacerlo, aunque no te pagaran?
¿Cómo realizas las cosas?

Estas son las preguntas básicas para establecer este apartado. Saber realmente quién soy es lo único que me proporcionará la ayuda necesaria para crear mis herramientas.

Imagina la siguiente situación: entras a una tienda especializada en herramientas manuales. Cuando haces ingreso, le pides al comerciante un martillo. El hombre trae una cinta métrica, la apoya en tus brazos, toma las medidas de tus manos, junto con la distancia que existe entre tus hombros y codos. Luego trae una balanza, mide el peso de tu mano y de tu cuerpo. Se retira a la parte de atrás y a los pocos minutos regresa con un martillo recién elaborado, te lo entrega y te dice: "este es el martillo ideal para ti". Ahora piensa un instante. "¿Cuál crees que funcionará mejor, ese martillo especializado u otro de producción masiva?
Sin duda las herramientas elaboradas específicamente para ti, son las que mejores resultados te proporcionarán.

Con el objetivo de establecer un perfil de nuestra personalidad, detallaremos los puntos clave que nos ayudarán
a crear nuestras propias herramientas.

¿Cómo eres?
Eres hiperactivo, empiezas algo y no puedes detenerte hasta que lo terminas o eres más contemplativo y perfeccionista, y te tomas tu tiempo para hacer las cosas y las revisas una y otra vez hasta que estás conforme.

¿Cómo son tus metas?
Espirituales.
Sociales.
Económicas.
Físicas.
Intelectuales.
Todas estas juntas.

Por ejemplo: una meta espiritual no puede abordarse de la misma manera que una meta económica. Aunque utilizase el mismo principio para cualquiera de las dos.

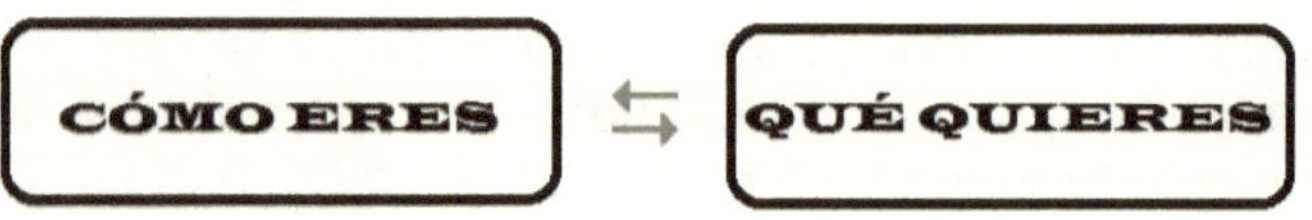

Enumera todos los logros que has tenido hasta ahora. Divídelos por clase: espiritual, material o social, y colócalos por orden de importancia. ¿Cuál fue el logro material más importante que tuviste? ¿Y el logro intelectual? Ahora trata de recordar, ¿cómo los conseguiste?
¿Qué te resultó más fácil de realizar y cuál estrategia te dio mejor resultado?

124

Una vez que establezcas un detallado análisis de tu personalidad podrás crear tu propio martillo, tal y como el comerciante de la tienda. A continuación, especificaremos los puntos más significativos para llevarlo a cabo.

Define tu personalidad

El primer factor para aplicar este principio consiste en definir cómo somos. Hay dos formas de clasificar las personalidades.
La primera, por carácter y esta a su vez se divide en cuatro principales tipos de personalidades:

Sanguíneo: El sanguíneo es una persona alegre, entusiasta, improvisadora, espontánea, animada; aunque suele ser inconstante, habladora por demás y muy confianzuda.

Colérico: Es realizador, emprendedor, líder nato, dinámico, activo, trabajador, rápido para tomar decisiones, pero tiene la desventaja del carácter de patrón, exigente con él y con los demás, acelerado, nervioso y olvidadizo.

Flemático: Es tranquilo, sereno, calmado, paciente, constante, analítico, detallista, le toma mucho tiempo tomar una decisión, por lo tanto, es inseguro, muchas veces temeroso y hasta rencoroso.

Melancólico: Es introvertido, pensador, talentoso, romántico. La desventaja es que es tímido, lento y perezoso y las emociones a veces le dominan.

El segundo término para clasificar las personalidades es por la percepción que tengan de las cosas, esto es muy utilizado en PNL:

Los visuales: son los que basan su comportamiento dando prioridad a las cosas que se ven, es decir que necesitan el contacto directo con el rostro de la persona con la que están manteniendo comunicación. Hablan más rápido de lo que piensan y no les alcanzan las palabras para expresar todas las imágenes que tienen en la cabeza, por lo que no terminan una idea y pasan a otra. Al expresarse utilizan frases como: "Mira tal cosa...", "fíjate en tal otra..." o "¿has visto qué?"; cuando no se los está mirando tienden a decir: "No me estás prestando atención". Los visuales por lo general piensan en muchas cosas a la vez y hacen muchas cosas.

Los auditivos: Al contrario de los visuales, basan su conducta en las cosas que se pueden oír, necesitan una comprobación auditiva en una conversación, es decir que no les incomoda estar dialogando con una persona que está en otra habitación, siempre y cuando escuchen un "aha" o un "mhm" y van a preguntar: "¿Me estás oyendo?". Utilizan en su forma de expresarse palabras como "óyeme una cosa..." "escúchame tal otra...". Piensan una cosa por vez, y no pasan a otra idea sin acabar la anterior. Son más lentos que los visuales y requieren más tiempo para meditar.

Los quinestésicos: Son los más profundos de todos, son los que necesitan en toda forma de comunicación un contacto físico; su comportamiento se basa en las emociones y sensaciones, suelen preguntar "¿cómo estás?" y utilizar palabras como "me siento de tal forma..." Tienen un mayor poder de concentración, pero irritan de manera contundente a los visuales y hasta a los auditivos, aunque son mejor comprendidos por estos últimos.

Conocer los diferentes tipos de personalidades nos ayuda a entender e identificar qué tipo de persona somos y qué canales de comunicación utilizamos, para poder diagramar un sistema de herramientas basado en los datos que mejor se adapten a la manera que tengamos de alcanzar las cosas.

De acuerdo con la conjugación de experiencia y carácter, un individuo puede adoptar para su personalidad una cierta forma de conducirse que puede variar entre:

Los calmos o serenos: la calma es un equilibrio de sentimientos, combinándose armónicamente unas acciones con las otras; así como pasa en una maquinaria, en que las diferentes fuerzas se contrapesan, en la calma, el espíritu se halla tranquilo, entre mil causas que se combaten. Otra vez, de los fenómenos externos, son totalmente optativos los estados emocionales que nos provoquen. Mantener la calma es siempre una elección, y me arriesgo a decir que es una de las mejores elecciones que podemos hacer.

Los precipitados: hay individuos que no pueden estar tranquilos, hablan de todo en todas las conversaciones, parece como si tuvieran muchas válvulas de escape por las que saliera lo que está acumulado en ellos. Comen violentamente, trabajan del mismo modo, se pasean o están de pie, pero no reposan jamás en su asiento, y si lo hacen, solo es por breves instantes en los bordes del mismo. Todos los días persiguen cualquier cosa y pueden armar y deshacer mil planes en segundos. Por lo general no tienen ideales o metas claras, sino que van improvisando sobre la marcha.

La precipitación en el juicio testimonia los prejuicios perceptivos, actúan sobre la base de la supuesta agresión, dicen "no" antes de que te prepares a hablar, responden con agresión sin saber qué es lo que vas a decirles, fruncen sus ceños, cruzan los brazos, tensan los músculos del cuello y hombros, aprietan los puños y están en todo momento listos para una disputa unilateral. Sin prestar demasiada atención a lo que sucede en realidad. Ocurre que quien los observa puede advertir que es como si en su cerebro se encendiera un interruptor que dijera **"a esta persona debo contradecirla sin importa lo que diga, y enojarme con ella sino cambia su postura sea cual fuera"**. Deciden que una situación es una amenaza y toman acción.

Los inhibidos: son personas inactivas, comúnmente solitarias y la timidez en ellos alcanza grados que lindan con el aislamiento social. A veces se dice que son demasiadas las variables que necesitan manejarse para determinar el por qué una persona es así, pero las variables no son otra cosa que excusas.
Cuando alguien levanta infinidad de variables para explicar una situación concreta, está excusándose. La única variable que manejamos es que todas las situaciones de nuestra vida son decisiones propias, por eso solo voy a hacer hincapié en una serie de situaciones y preguntas. Piensa que **tú puedes**, créelo realmente y ahora pregúntate: ¿qué crees que te sucedería si lo piensas? ¿Qué crees que pensarías si lo intentas? ¿Qué cosas intentarías si las lograras? Ahora ve y hazlo porque lo lograrás. Arriesgarte es como el ateo que busca la existencia de dios: "Si dios no existe, no habrá perdido nada; pero si existe, habrá ganado todo". ¿Qué tienes para perder si te arriesgas?
Nada...

Los aburridos: la mayoría de los sujetos no pasan de una acción a otra hasta que la primera no está concluida, en los que padecen fastidio o aburrimiento, pasan de una acción a otra y luego a otra más, sin concluir ninguna. Hay que separar de los melancólicos que experimentan el aburrimiento como algo propio de su personalidad y no como algo exclusivo de cada circunstancia. Por lo

128

general, el aburrimiento se experimenta en un grado de frustración por no realizar la acción deseada.

Los inquietos: la inquietud es la falta de tranquilidad. Hay que distinguir del miedo, la inquietud producida por el temor tiende a la huida, mientras que el inquieto no sabe qué hacer. Hay inquietud y obsesión en la tendencia al perfeccionismo, en los genios es posible casi siempre, apreciar un estado continuo de inquietud, lo cual no implica un desequilibrio, sino hasta que esa intranquilidad se torna paralizante o contraproducente. Cuando en lugar de obsesión por el perfeccionismo nos genera ansiedad, es que se vuelve improductiva.

Los ardientes: existen dos grupos de individuos: el primero en que caben las personas felices, que pueden descansar y dormir apaciblemente en sus almohadas, y el segundo es el de los que están agitados y descontentos. El descontento originado por la evidencia de las acciones mal desarrolladas.
El individuo que tiene obsesiones, deseos u objetivos, se interroga a sí mismo y su preocupación consiste en salir de lo que considera su incapacidad, mediante esfuerzos perpetuos que lo mejoren.

Los inactivos: la vida reclama acciones a cada momento, el hecho de respirar, beber o comer es un indicativo que si se está con vida se debe hacer, pero los morosos se escudan en que no hay que hacer hoy lo que se pueda hacer mañana. Todavía más, pretenden que otros lo hagan por ellos. Tienen vocación de autoridad para que los demás realicen lo que ellos no. Así como también profesan el milagro, porque solo este puede salvarlos de sus penas.

Los rencorosos: no puedes hacer daño al culpable con tu rencor, pero puedes liberarte perdonándolo. El rencor es una emoción que nos estanca en una porción determinada de tiempo que ya ocurrió. No nos permite seguir y nos entorpece la conciencia. Estamos detenidos en ese momento reviviendo una y otra vez el mismo acontecimiento.

Un hombre en quien no se puede pensar sin que venga a la vez la intranquilidad: se lo odia; así como a una mujer en quien no se pude pensar sin que aparezca el arrobamiento, se la ama. Aquí analizaremos lo que hacemos con el rencor, perdón, lo que el rencor hace con nosotros. Dijo Dale Carnegie: "Recordemos en todo momento que estamos ante personas **emotivas** y la persona emotiva tiende a reaccionar, nunca a analizar".

La persona a la que le tenemos rencor siquiera se acuerda de nosotros. Perdemos tiempo en odiarlo y esa misma energía deberíamos utilizarla en hacer algo por nuestra vida, ¿qué sucede cuando estamos, todo el tiempo, pendientes de lo que hace o deja de hacer el otro? Nos volvemos completos inútiles, seres sin metas, sin sueños, y convertimos el odio de nosotros para con los demás en el mismo odio de los demás para con nosotros, es decir, lo transformamos en recíproco pensando que todo lo que el otro hace, lo hace para fastidiarnos, y el otro siquiera recuerda que existimos. De esa misma manera deberíamos de comportamos nosotros: ¿Cómo puedo perder el tiempo en ocuparme del otro, si yo tengo tantas cosas que atender? Ahora, ¿cuándo me interesa entrometerme en la vida del otro? Cuando no tengo nada que hacer con mi vida.
A veces pensamos que perdonar es regalar alivio a otros que se equivocaron, y somos renuentes a perdonar, porque no nos interesa que aquel que cometió errores o nos provocó un malestar, tenga la tranquilidad de nuestro perdón, pero obviamos que al perdonar nos liberamos a nosotros mismos.

130

Los culposos: la culpa es una emoción para los cobardes. Sencillamente, antes de realizar cualquier acción, sabemos si es correcta o no, de acuerdo con nuestros principios o valores. Si decidimos hacer lo que consideramos incorrecto, sentir culpa luego es un acto de debilidad. La única solución posible es tener la determinación de no hacer lo que sabemos que nos provocará pesar o, si decidimos hacerlo de todos modos, no detenernos en la hipocresía de sentirnos culpables, ya que sabíamos perfectamente lo que estábamos haciendo y lo que causaríamos.

Los irritables: las perturbaciones o molestias son producto de la mente. Imaginen la sensación molesta que provoca una mosca que se posa sobre nuestro rostro, si lo vemos en forma objetiva es la misma sensación que produce una caricia de la persona que amamos. La misma sensación puede provocar placer o malestar según nosotros lo interpretemos. Si estamos en una fila aguardando cobrar un millón, esperaremos entusiasmados, si en cambio tenemos que esperar para pagar una deuda, ese mismo tiempo se nos presenta tedioso y nos fastidiaremos de inmediato.

Una vez otorgada esta información, es hora de pasar a elaborar lo que sería la conformación de nuestra personalidad.

Cómo estás conformado

La personalidad de un individuo reviste de varias capas que la conforman como tal:

Inteligencia:
Es un conjunto de capacidades de: razonamiento, memoria, asimilación, percepción, habilidad numérica,

visualización espacial, rapidez mental, etcétera. Carl Rogers afirma que, de hecho, la inteligencia no es la capacidad de resolver los problemas, sino la habilidad de mantenerse feliz se resuelva o no el problema. En los últimos siglos, la inteligencia estuvo sobrevaluada, un alto CI no asegura para nada el éxito en la vida o el estado óptimo, por el contrario, la inteligencia tiene una gran afinidad con la depresión.

Carácter:
Es el conjunto de cualidades que definen los rasgos de conducta y la forma de reaccionar de un individuo. Su modo de ser y comportarse.
Por lo general la gente cae en el error de creer que el carácter fuerte es aquel que se irrita con facilidad y resulta ser todo lo contrario, quien es fuerte de carácter es quien sabe mantener la calma pese a cualquier circunstancia.

Temperamento:
Conductas que acompañan el desarrollo del carácter. Se forman a partir de la continuidad de elección de signos de carácter, para dar constitución a la personalidad.

Personalidad:
Es el resultado del carácter y el temperamento sometidos al influjo de la voluntad y la costumbre.
Todo esto que nos conforma como un ser individual lo hemos repasado solo para comprender y hacer una revalorización del "**yo**" como persona. Carl Rogers dice: "Solo cuando me acepto como soy, puedo modificarme". Y la superación personal radica en: A) La capacidad de entender y reconocer mi forma de pensar y si mi razonamiento es tal, o es solo la aceptación de conclusiones impuestas, que he aceptado. B) El conocimiento de mi conducta y lo que me impulsa a actuar de la manera que lo hago. Y C) La predisposición

a alterar lo que no me está dando resultado de los puntos anteriores.

Ya estamos en posición de comenzar a establecer los primeros pasos para elaborar nuestras propias herramientas.

Puntualiza tu inteligencia

En el capítulo anterior se describen los diferentes tipos de inteligencia, para que no tengas que regresar te los mencionaré nuevamente.

La inteligencia social.

La inteligencia emocional.

La inteligencia lógico-matemática.

La inteligencia deportiva.

Inteligencia artística.

Inteligencia financiera.

Ahora debes ser muy sincero contigo mismo y evaluar tu grado de inteligencia.

Genio.
Brillante.
Sobresaliente.
Promedio.
Bajo.

Puntualizar tu inteligencia te permitirá saber el grado de dificultad en el que podrás operar cuando las situaciones intelectuales lo requieran. De acuerdo al nivel de inteligencia que manejes, podrás elegir la forma de resolver un escenario determinado. Por lo general, los líderes siempre se rodean de personas más inteligentes que ellos. Si a esto le agregas que tienes un perfecto conocimiento del área en el que más te destacas o el tipo de inteligencia que poseas, podrás delegar tareas a quienes están más capacitados que tú.

Es mentira que para lograr todo lo que te propongas debes ser el más inteligente. Tener el teléfono de la persona que sabe es más rentable.

Aumenta tu nivel

El cerebro tiene muchísima información. La parte consciente o memoria operativa se maneja con la información que necesitamos a diario para conducirnos en la vida. Sin embargo, la mayor parte de la información almacenada está situada en nuestra mente subconsciente y solamente cuando nosotros nos hacemos las preguntas adecuadas, recuperamos esa información, la rememoramos, analizamos e interconectamos hasta que formamos una teoría y llegamos a una solución.

Me ha sucedido que todo lo que he aprendido se intensificó cuando me dediqué a enseñar. No tenía la más mínima idea hasta que un alumno me hizo la primera pregunta. No podía quedarme callado, de modo que busqué muy adentro de mí y en el mismo momento que estaba enseñando, estaba aprendiendo. No sabía que sabía todo eso. Luego comencé a darme cuenta de que muchas de esas cosas no las había oído en ningún lado, sino que mi mente elaboró estrategias por medio de la asociación y la conexión lógica.

Así, la mente se activa resolviendo situaciones que quizás nunca había resuelto por creer que no podía.

De alumno a maestro. De aficionado a experto. Esta es la finalidad de aumentar tu nivel.

Cada vez que escales al siguiente nivel, sea cual sea el área en el que trabajes, debes elaborar estrategias y herramientas para acceder a ello. Por tal motivo comenzar a aumentar tu nivel es la primera estrategia para poder iniciar en la elaboración de herramientas propias.

Una forma de elaborar tus herramientas es conocer tus niveles de crecimiento. Hacer un balance de tu vida cada diez o cinco años, dependiendo de tu edad y ver cuáles y de qué manera fueron las soluciones que hallaste. A partir de allí ¿cómo podrías crecer? ¿En qué áreas? ¿Qué herramientas utilizaste inconscientemente para aumentar tu nivel?

La creación de tus herramientas debe necesariamente apuntar al incremento de tu nivel, personal, espiritual, económico, social, físico e intelectual.

Si te conformas en el nivel en el cual te encuentras, entonces nunca tendrás la oportunidad de desarrollar tus talentos y capacidades, ya que ninguna situación te pedirá que lo hagas. Todo estará resuelto para ti y tu cerebro caerá poco a poco en un letargo tácito, de este punto a la mediocridad y el aburrimiento lo separa una línea muy delgada. Aspira al próximo nivel y tu mente te proporcionará las herramientas para alcanzarlo.

Proyecta tu potencial

Si tus capacidades no tienen una proyección a futuro, lo más factible es que descansen en una suerte de letargo hasta que finalmente acaben por olvidarse.
Los siguientes pasos están orientados a despertar tu potencial y a que, conforme vaya creciendo, aumente también, tu capacidad de elaborar nuevas formas de desarrollarlo:

- ✓ Realiza un diagrama de tus logros, ventajas y limitaciones, y evalúa ¿Cuál sería para ti la mejor manera de superarlas? El diagrama te permitirá tener una vista cenital de tu experiencia y poder programarla.

- ✓ Ahora desarrolla un plan, toma las referencias o las ideas que creas necesarias, que se adapten a tus necesidades, preferencias o que puedas elaborar sin demasiadas dificultades.

- ✓ Luego viene el pulimiento, porque resulta que las técnicas que no están estudiadas por lo general tendrán muchísimas fallas, pero una vez corregidas pueden resultarte más útiles que cualquier otro método. Simplemente por la razón de que fueron seleccionadas por la persona que más te conoce, que sabe cómo funcionas y qué cosas dan resultado contigo. Es inútil seguir conceptos equívocos que están lejos de tu realidad. Si yo te dijera que tienes que seguir tu plan hasta lograrlo, que nunca te rindas y lo conseguirás. Y luego sucede que tu plan era ser maratonista y en un accidente de tránsito quedas inválido. Entonces lo que mejor se adaptaría a tu nuevo presente sería decirte que cambies de plan. Pero eso no lo contemplan la mayoría de los libros de autoayuda, superación personal, desarrollo del potencial humano y demás, por eso como cada caso es específico y cada persona es única, cada uno debe elaborar su propio modelo de crecimiento y su propio plan de ataque.

¿Cuáles son tus objetivos?

....
....
....
....

¿Cuál es tu fórmula para alcanzar estos objetivos?

....
....
....
....

¿Cómo podrías suplantar esa fórmula?

....
....
....
....

¿Con qué otra estrategia la podrías combinar?

....
....
....
....

¿Cuántas horas diarias dedicas a esa estrategia?

....
....

....
....

¿Cuántas serían necesarias para maximizar tu trabajo?
....
....
....
....

¿Qué cosas podrías abandonar para incrementar el tiempo de acción de tu estrategia?
....
....
....
....

	HABILIDADES	LOGROS
HACE 5 AÑOS		
HACE UN AÑO		
HOY		
DENTRO DE UN AÑO		
DENTRO DE 5 AÑOS		

Analiza con detenimiento el siguiente esquema mental, recuerda que este es el punto más importante de todos. Aquí en crear tus propias herramientas aprenderás a reconocer el eslabón más importante en la cadena de lo que formará el plan de tu vida: es decir tú mismo, y lo que hagas para ayudarte. Siéntate unos minutos y dedica este momento para ti.

- ¿Qué habilidades tenías hace cinco años?
- ¿Qué habilidades tenías hace un año?
- ¿Qué habilidades posees hoy?
- ¿Con qué habilidades contarás dentro de un año?
- ¿Qué logros tuviste hace cinco años?
- ¿Qué logros tuviste hace un año?
- ¿Qué logro estás teniendo hoy mismo?
- ¿Qué logros tendrás dentro de un año?

Una vez hayas hecho esto, recupera las fórmulas, sistemas y métodos que utilizaste. Trata de enfocarte no en el logro en sí, sino en la forma en que lo alcanzaste. Ahora borra todos los logros y quédate solamente con las estrategias, te darás cuenta de que seguramente los has resuelto de la misma manera a todos ellos.

Piensa en grande, apunta alto

¿Cuáles son tus metas en la vida? ¿Cuál sería el punto máximo de cada una de esas metas?
Un arquero apunta alto porque la flecha tiende a bajar. Superar todo lo que te propongas, ir por arriba de tus expectativas, es lo que te mantendrá siempre un paso delante de tus logros.

No le pongas un límite a lo que quieres. No confundas lo que deseas con lo que te alcanza o lo que te conforma.

Si aprendes a disfrutar de lo que haces, no necesitarás un descanso. Si haces un trabajo tedioso y sobrehumano para alcanzar tu objetivo, cuando lo logres no podrás disfrutarlo, primero deberás recuperarte del desgaste. Si por el contrario superas tus posibilidades, tus objetivos se concretarán sin que siquiera lo hayas notado. Una muestra de este método sucede cuando quiero que, durante un entrenamiento, uno de mis alumnos realice, por ejemplo, cien abdominales, entonces le pido que haga doscientas. Si le pido cien, llegará con las fuerzas justas y se quedará en los últimos tramos del ejercicio, si por el contrario le pido doscientas, pasará por alto las cien y comenzará a sentirse agotado recién por las ciento veinte o ciento treinta.

Pensar en grande ayuda a escalar tus objetivos y crear herramientas por encima de las que necesitas. Permíteme exponerte una situación hipotética: dos hombres salen de cacería, en el campo hay ocho búfalos. Uno de ellos lleva consigo ocho balas y el otro veinticuatro. Independientemente de la puntería, ¿cuál de los dos tendrá más posibilidades?
Siempre es conveniente tener reservas, tener un plan B, contar con otras alternativas.

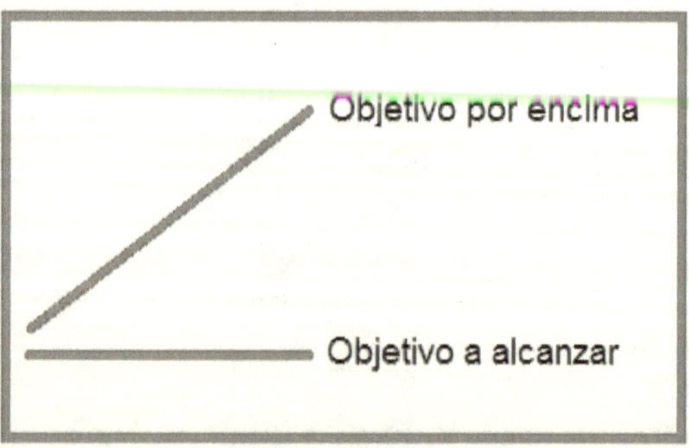

Forma condicionamientos

Una técnica muy efectiva para crear tus propias herramientas es generar condicionamientos. El condicionamiento es un estímulo que produce una reacción.
Si puedes formar condicionamientos que logren reacciones positivas, podrás lograr de manera automática, esas reacciones positivas, y de esta manera generar oportunidades.

Una vez que tienes elaborado un plan acorde a tu personalidad. Es esencial formar los condicionamientos que te permitirán desarrollar hábitos que establezcan una forma de actuar consecuente con la meta que se quiere alcanzar.

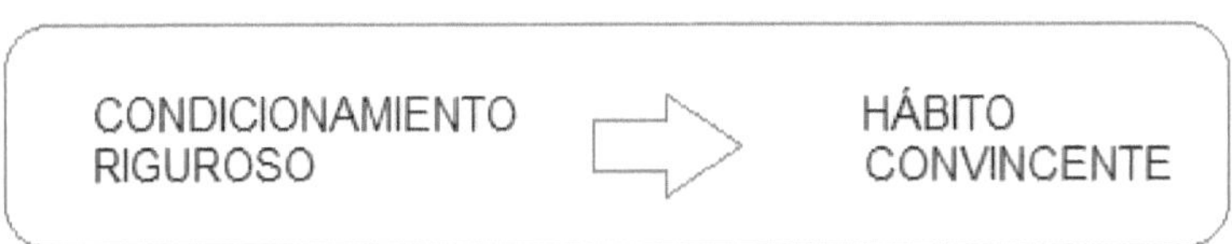

Todas las reacciones que tenemos, las venimos condicionando desde mucho tiempo atrás. Algunas las adoptamos sin darnos cuenta, otras las fuimos incorporando por propia decisión. La tarea de formar condicionamientos consiste en discriminar cuáles de estos nos proporcionan una utilidad al momento de manifestarse.

Piensa en un boxeador o un luchador de artes marciales mixtas. Durante una pelea, ellos no tienen tiempo de ponerse a analizar cada situación en particular, de acuerdo con el entrenamiento que hayan tenido, actuarán por reflejo condicionado. Quien mejor o más desarrollado tenga dichos reflejos condicionados, seguramente ganará la pelea.

En el ring no se hace el campeón, allí solo se lo reconoce.

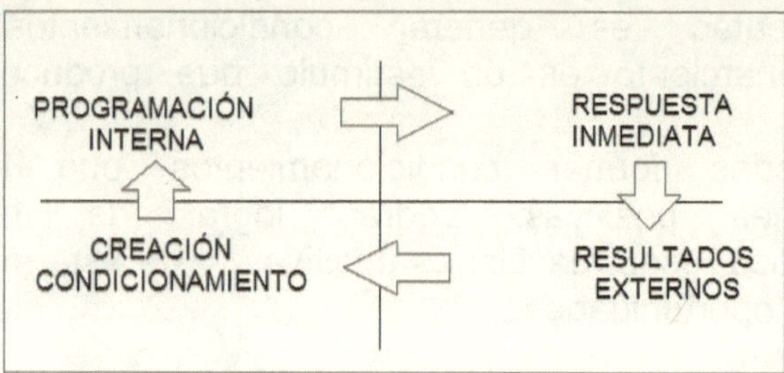

Cuando nos hacen una pregunta, nuestra mente tiende a buscar la respuesta, este proceso es tan veloz que cuando queremos mentir e interrumpimos el trayecto de la verdad y la suplantamos por una mentira, no alcanzamos a ser lo suficientemente rápidos como para no exponer el lenguaje corporal que irremediablemente va a contradecir lo que nuestra boca, a menos que lo hayamos programado de antemano. Por este motivo es que debemos formar los condicionamientos necesarios para poder aplicar los comportamientos adecuados a lo que queremos conseguir.

Cambia la lente

Aparece frente a ti una persona. Te sorprende verla porque es idéntica a ti. Tiene tus mismos rasgos, pero además habla, piensa y actúa como tú. Comienza a contarte cosas y tiene tu misma voz. A medida que avanza la charla te das cuenta de que le sucedieron las mismas cosas que a ti. Allí te das cuenta de que eres tú mismo. De pronto esa persona te dice que se encuentra en problemas, que su vida tiene algunos desaciertos y que le gustaría cambiar algunas cosas. Son las mismas inquietudes que te afectan. Ahora te pide que por favor lo ayudes, que le indiques cómo resolver sus problemas y como cambiar su vida. Como tú sabes bien los problemas, limitaciones y desaciertos que tiene. Los enumeras uno por uno:

Limitaciones

Ahora te pregunta si conoces la manera de afrontar cada una de esas barreras que tienes y te pide que diseñes, además, un plan detallado de cada una de las cosas que debe hacer para que su vida sea un éxito:

Planeamiento

Cambiar la lente significa cambiar la manera en la que vemos el mundo, por lo general lo que vemos es el reflejo de lo que somos, lo que interpretamos es el resultado de nuestras creencias, incluso el vocabulario que utilizamos se asemeja a nuestra personalidad.

Piensa en las siguientes palabras y en el adjetivo que le asignaré a cada una de ellas, para que empecemos a cambiar la lente:

Esfuerzo agradable.
Sacrifico contento.
Fracaso educativo.
Tristeza creativa.
Enojo alentador.

Te parecerá que la primera palabra nada tiene que ver con la segunda, pero en realidad eso va a depender exclusivamente de ti.

Hablar solo

La comunicación contigo mismo es la base de la comunicación, y no hay información más útil que la información que te proporcionas a ti mismo. Este principio sirve para reconocer tu propio potencial como fuente de conocimiento. Nadie más que tú sabe cómo funciona tu cerebro y qué lo estimula. Todas las respuestas a tus preguntas están dentro de ti.

Muchas personas hacen halagos a todo mundo y sin embargo cuando tienen que emitir un juicio acerca de su persona lo hacen de manera autodestructiva. Hablan de los logros de los demás y jamás se detienen a valorar sus propios logros. No confían en sí mismos y se consideran poca cosa. Estas personas no tienen una buena comunicación con ellas mismas.

El siguiente ejemplo te ilustrará el pensamiento que quiero compartir contigo: imagina un vaso que tienes en la mano, estás frente a un espejo en tu casa. Comienza a decirle al vaso, que es feo, que es un inútil, que es tonto, gordo. Le digas lo que le digas el vaso no cambiará jamás, seguirá siendo el mismo vaso. No nos sucede lo mismo a nosotros. Salimos a la calle y una persona nos grita gordo, y automáticamente la próxima vez que nos miremos al espejo nos vamos a ver más gordos. Esto tiene que ver con la lente con la que miramos. De la misma manera que esta lente es susceptible a lo negativo, es susceptible a lo positivo.

Tu voz interior te dice más que cualquier otra voz. Mientras tu voz interior es silenciosa, las voces ajenas son ruidosas. En tanto tu voz interior se preocupa solo por ti, a las voces externas no les interesas tú.

Uno de los secretos de éxito de Aristóteles Onassis era que él ensayaba frente a un espejo cada vez que tenía alguna reunión importante, como si estuviera frente a esas personas con las que se tenía que entrevistar. Analizaba las posibles objeciones que debería enfrentar y programaba las respuestas que les daría. De esta manera se preparaba para rebatir de manera inmediata y contundente.

Todos los emprendedores fueron creadores de sus propias herramientas, cada nuevo invento, cada nueva empresa, cada nueva idea requiere de una nueva forma de realizar las cosas. La persona que inventó el clavo tuvo que inventar también el martillo. Todos podemos ser creativos, está dentro de nuestro diseño como seres humanos.
¿Quién le enseñó al primer sujeto a tocar la guitarra? Seguramente tuvo que crear sus propias herramientas y logró un cambio significativo en la humanidad.

CUESTIONARIO INTERACTIVO

1-¿Te has detenido a observar tus pensamientos desde un costado?
2-¿Cuándo fue la última vez que estuviste en profundo silencio durante 10 minutos?
3-¿Qué dice tu mente cuando tú estás en silencio?
4-¿Cuándo fue la última vez que elaboraste un plan?
5-¿Y que lo pusiste en marcha?
6-¿Sabes realmente cuáles son tus talentos y habilidades?
7-¿Cómo te comunicas contigo mismo para saber qué es lo que quieres y cómo conseguirlo?
8-¿Puedes hacer un diagrama preciso de tus logros y fracasos y determinar en qué acertaste y en que fallaste?
9-¿Cuántas cosas inventaste? ¿Cuántos libros escribiste? ¿Cuántas canciones compusiste? ¿Cuántos aparatos arreglaste sin que nadie te dijera cómo hacerlo? ¿Cuántos problemas resolviste de una manera en que solo la resolvería un experto?

ACTIVIDADES

1-Elabora tu propia agenda.
2-Investiga sobre técnicas de creatividad que utilizaron los genios.
3-Consúltate a ti mismo sobre cuál sería la mejor manera de hacer las cosas.
4-Escribe todas las ideas que tengas y trata de desarrollarlas, de que se conviertan en algo más que simples ideas.
5-Realiza la misma tarea de diferentes formas y evalúa cuál es la que mejor resultado te dio o más fácil te resultó.
6-Identifica por qué tu forma de hacer las cosas te da los resultados, qué tiene en particular que otros métodos no contemplen.

146

7-Ocupa imaginariamente el papel de director técnico en tu deporte y elabora una estrategia de ataque.

8-Ocupa imaginariamente el papel de gerente de contenidos en tu empresa y diseña una campaña de marketing efectiva y una nueva gama de productos y servicios.

9-Consulta a las personas más cercanas que tienes sobre cuáles son sus objetivos y desarrolla una estrategia para que cada uno los consiga.

PRINCIPIO 6
"MENSAJE CLARO"

El barco en el que viajas de repente comienza a hacer un extraño ruido, miras a los marineros y expresan en sus rostros un miedo inocultable. El capitán habla por el altoparlante y pide que mantengan la calma. El barco ha chocado con un enorme iceberg y se ha partido a la mitad. Resulta que en esta nave viene toda tu familia, tus amigos, tus pertenencias materiales e intelectuales, entre ellas varios cofres donde llevas un sueño en cada uno de ellos y otros cofres de diferente color donde guardas las cosas que más te gusta realizar. El barco es tuyo y todo lo que más quieres, cuidas y deseas en la vida, va en él.

El capitán del navío te dice que para equilibrar el peso de la parte que no se ha hundido y que puedas salvarte, debes elegir solamente a tres personas de tu familia, a cuatro de tus amigos, o tres y tu pareja, tres de tus pertenencias y solo tres de los cofres donde guardas un sueño en cada uno de ellos, y tres de las cosas que más te gusta hacer. Te deshaces de todo el resto con gran dolor, pero el barco continúa hundiéndose y el capitán te dice que no te salvarás salvo que te deshagas de más peso para que el barco no se hunda. Entonces te pide que ahora solo elijas a tus dos mejores amigos o a tu pareja y tu mejor amigo, a las dos personas más importantes de tu familia, a las dos pertenencias que más valor tengan para ti, los dos sueños más importantes y solo dos cosas que te guste hacer.

Nuevamente te deshaces de todo esto, y el capitán te ordena que anotes las cosas que dejaste ir esta vez. Pero sin embargo el barco continúa hundiéndose. El peso que tiraste ha equilibrado bastante. El capitán se dirige a ti por última vez y te dice que hagas tu máximo esfuerzo, ya que para salvarte debes elegir a la persona más importante para ti, una sola persona de entre tus parientes, amigos y pareja. Una sola de tus pertenencias, ya sean materiales o intelectuales. Uno solo de los cofres con tus sueños y solamente una de las cosas que más te gusta hacer. Y que las anotes.

Ahora te pido que leas nuevamente esta historia y tomes nota. Esto te va a permitir ordenar tus prioridades, establecer tu círculo de importancia, saber qué es realmente lo que te interesa.

Lo que te queda cuando no tienes nada

Sígueme en este razonamiento. En el mundo existen en el momento en que escribo este libro aproximadamente unos siete mil millones de habitantes. Imagina que por tu gusto y preferencias podemos establecer que existan un 1% de esta cifra que podría ser tu pareja adecuada. Esto daría como resultado setenta millones de posibles parejas para ti. En el mundo hay al momento de escribir este libro 198 países, en promedio tu país tendrá alrededor de veinte millones de habitantes, sigamos con la idea de que el 1% es para ti, entonces existen en el país donde vives unas cien mil posibles parejas adecuadas para ti. Ahora vamos a suponer que tú vives en una ciudad de cien mil habitantes, de los cuales la mitad es del sexo que a ti no te interesa (ya sea hombre o mujer), nos queda como resultado cincuenta mil. Un 60% aproximadamente no estarán en el promedio de edad con el cual tú te relacionarías, por lo tanto, nos quedan veinte mil. Muy bien, de esas veinte mil supongamos que doscientas (que son el 1 %) podrían llegar a ser parejas adecuadas para ti. Distribuidas en tu ciudad, tendrás la posibilidad de frecuentar los mismos círculos y ambientes solamente con veinte de ellas.

Ahora piensa en lo siguiente: tiene que darse que frecuenten los mismos lugares, y que, además, se encuentren a la misma hora en ese lugar. Luego de eso, deberán gustarse uno al otro. Pero esto recién comienza. Uno de los dos deberá, además, tener el coraje de acercarse, que el otro no esté de mal humor o en una situación difícil de sobrellevar, decidir iniciar una conversación, que tengan puntos en común, que decidan volver a verse, que se encuentren nuevamente, que se lleven bien, que puedan convivir...
Como vemos algo tan simple como encontrar a una pareja adecuada es extremadamente difícil, casi como ganar la lotería.

Entonces imagina lo difícil que es lograr todo lo que tú quieres. Matemáticamente hablando, nunca vas a lograr lo que quieres, ya que hay miles de personas que quieren lo mismo que tú y ellos no lo logran. ¿Cuántos habitantes hay en tu ciudad? Ahora, ¿cuántos de ellos son ricos? ¿Cuántos famosos? ¿Cuántos alcanzaron sus sueños? Piensa que las probabilidades no te favorecen en lo más mínimo.

Ahora ¿qué sucede si no lo logras? No sucede absolutamente nada. De eso se trata este libro, no de los resultados sino del viaje. Hacer lo que nos gusta es el objetivo, lo demás es valor agregado. No importa si no logramos nada, con hacer lo que amamos habremos logrado todo. Algo peor que el fracaso es el éxito imaginario.

Darle un claro mensaje a tu mente de lo que quieres es la indicación directa para que te ayude a conseguirlo, sin embargo, aunque tu mente no conoce la diferencia entre realidad y ficción ante estímulos externos, sí te conoce a ti, y si tú le dices que mañana serás millonario y hoy ganas el salario mínimo, no te cree.

Imagínate que eres sobreviviente de un naufragio y que has perdido todo lo que se pueda perder, solo conservaste tu vida. Lo único que te queda es tu conocimiento, eso nadie te lo puede quitar y el conocimiento de lo que realmente quieres, de cómo está programada tu mente en cuanto a las prioridades que tiene, es lo único que se mantendrá en actividad constante para ayudarte a conseguirlo.

Imagina la siguiente situación: baja tu dios y te dice que no vas a lograr nunca eso quieres. Nunca vas a ser rico, ni famoso, ni alcanzarás tus sueños ¿qué te queda? ¿De qué manera te gustaría vivir sin todo eso? ¿Cómo tendrías la mejor calidad de vida posible?

La mente debe recibir un claro mensaje de lo que quieres, nuestro cerebro debe estar organizado lo mismo que una cajonera de ropa. No podemos tener todo dando vueltas sin un orden mental y la forma en que el cerebro se organiza es la siguiente:

- ✓ Deseo principal.
- ✓ Plan de ataque.
- ✓ Deseo alternativo.
- ✓ Plan alternativo.

Lo que hacemos es darle valor secundario al objetivo y anteponer el propósito. ¿Para qué quiero realmente todo eso que quiero? Simplemente para sentirme bien. Ahora la pregunta es la siguiente: ¿cuántas cosas puedo hacer para sentirme bien?

Prioridades

Un ser humano puede estar:
3 minutos sin respirar.

8 días sin tomar agua.
21 días sin comer.

Una de las razones principales por las que la gente no avanza, es porque no tiene establecida su lista de prioridades, me gustaría estar bien con mi familia y ganar mucho dinero, abocarme a mi trabajo, viajar y disfrutar y además ser famoso y ayudar a los pobres. Ahora la mitad de esas metas se contradicen y se superponen con la otra mitad, no pueden trabajarse todas juntas porque para llevar a cabo una, debo dejar de lado la otra o hacerlas a medias. En el primer Principio hemos hablado de la inercia, pero la inercia para hacer todas las cosas que quiero, debe enmarcarse en un mensaje claro.

No puedo priorizar tomar agua antes que respirar.

1. Pregúntate: ¿qué es lo más importante en mi vida?

2. Elabora una lista con todas las actividades que realizas durante el día. Ahora pregúntate: si de pronto apareciera una nueva actividad la cual no pudiera dejar de hacer ¿Qué otra actividad que realizo dejaría de lado? ¿Y si apareciera una tercera?

Al contestar estas preguntas te darás una idea de lo que es más y menos importante para ti. Este ejercicio te acercará a tus prioridades y desde allí podrás enviar un claro mensaje a tu cerebro de lo que realmente quieres.

Cataratas mentales

Haz una lista de objetivos y observa al final de año cuántos de esos objetivos alcanzaste. Ahora, los que nos has logrado es porque no estuvieron demasiado claros en tu mente. No eran lo suficientemente importantes como para prestarles la atención necesaria, o te has quedado a mitad de camino porque fueron reemplazados por otros objetivos que en el momento consideraste más importantes, sin embargo, estar a mitad de camino es mejor que nunca haber comenzado, puedes retomar en cualquier momento.

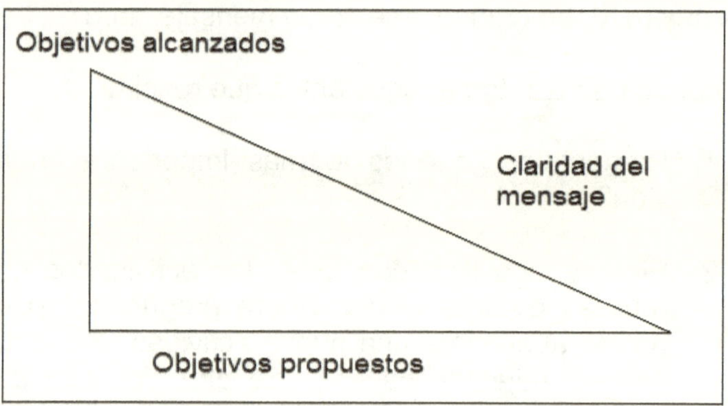

He conocido a una persona que estudió varios años una carrera universitaria. Le costó bastante cursarla ya que debía viajar hasta una ciudad que se encontraba a 60 kilómetros de donde él vivía. Cuando al fin terminó la carrera, se dispuso a trabajar de lo que había estudiado y se había preparado durante años. Resultó que no era lo suyo, no se sentía a gusto y decidió renunciar. El título universitario, que le costó varios años de su vida, descansa hoy, dentro de un cajón de escritorio.

Puede que esta persona haya tenido un claro mensaje en su cerebro de lo que quería, introdujo este mensaje y lo llevó a cabo, lo que sucedió aquí fue a causa de que nuestro cerebro padece cataratas mentales debido a varios teléfonos descompuestos que invaden nuestra mente. La sociedad nos dicta que debemos obtener tal cosa, nuestros padres se enorgullecerían si lográramos tal otra; nosotros queremos esto, nuestra pareja aquello y todo este murmullo, a la hora de decidir, se hace presente y nos incita a tomar decisiones desacertadas. Luego suceden cosas como el ejemplo anterior. El objetivo, por lo tanto, no solo debe constar de la claridad requerida para ser llevado a cabo, sino que además debe provenir de lo más profundo de nuestros deseos, debe surgir de nuestras ansias más absolutas. Debe estar nuestro sueño tan arraigado a nosotros que lo primero que debemos pensar al despertarnos y lo último que debemos recordar a la noche antes de dormir, es eso que queremos.

Agradecimiento

Imagina que le entregas un obsequio a alguien, lo compras o lo elaboras tú mismo. Llegas con la persona, lo abre emocionada, descubre el presente y te da un fuerte abrazo agradeciéndote. Seguramente la próxima vez que decidas regalarle algo, estarás esperando por la cara de alegría que va a poner y eso te otorgará una enorme gratificación. Ahora piensa en la misma situación, pero que en cambio cuando llegas con la persona, se lo das, ella lo mira, lo hace a un lado y sigue con su tarea. ¿Volverás a regalarle algo? Difícilmente. En las leyes universales que gobiernan los principios por los cuales nos movemos en la vida sucede algo muy similar, si no estamos agradecidos por todo lo que tenemos nunca recibiremos nada nuevo.

La persistencia siempre se obtiene en lo nuevo, los nuevos desafíos nos emocionan, pero pasado un tiempo nos aburren y ya no persistimos. Por lo que obtener nuevas y mejores oportunidades depende no solo de nuestra predisposición a lo nuevo sino también de nuestro agradecimiento hacia lo viejo.

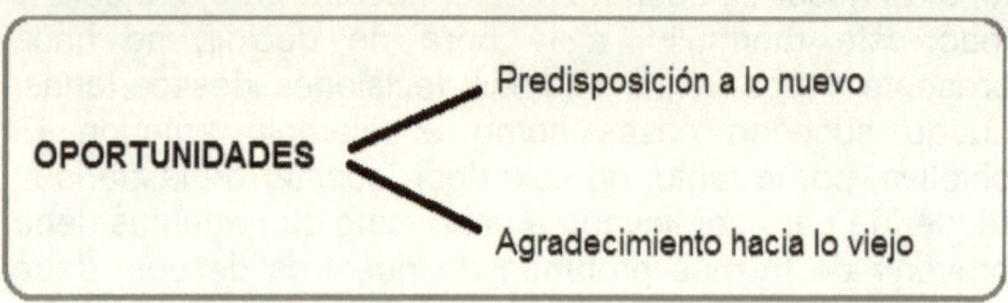

Ser agradecidos de lo que tenemos es una herramienta para estar predispuestos a lo que vendrá, nos dará ventaja sobre algo mejor que nos espera o que esperamos. No significa que debamos confundir el agradecimiento con la conformidad. Muchas veces creemos que somos agradecidos cuando en realidad estamos siendo estáticos. Si en realidad somos personas agradecidas entonces aspiremos a más, para tener más cosas por las que estar agradecidos.

Motivación

Toda la información que cargamos a nuestra mente debe tener una connotación motivadora, para que refuerce los deseos de llevarlos a cabo. Cada nuevo principio o estrategia, debe estar comprendido en perfecta armonía, no puede asimilarse un concepto sin la carga de motivación correspondiente. Ocurre que, si guardamos en nuestra memoria un concepto con connotación negativa, por más alegre que sea esa idea, cada vez que la traigamos a nuestra mente, vendrá acompañada de esa misma carga de negatividad con la que la almacenamos.

156

Infórmate: obtener información precisa es fuente de motivación. Sucede por lo general que disponemos de los materiales, pero nos falta la receta y la receta es información. Cundo tenemos la fórmula, esa misma información puede motivarnos.

Trae el futuro al presente: traer el futuro al presente es una parte fundamental de la motivación, tener una visión clara de lo que queremos, imaginar la satisfacción que nos proporcionará y tener la confianza en que se volverá realidad, es fuente de motivación.

Deprímete: en todos los libros de superación personal que he leído en mi vida, he encontrado frases tales como: "no te deprimas", "mantente feliz". Lo cierto es que esto es muy difícil de llevar a cabo. La herramienta más eficaz que he adquirido es el conocimiento de que la depresión es o debe ser temporal. Entrar en la depresión sabiendo que vamos a salir de ella. La verdadera motivación se ve reflejada en los momentos de depresión, solo allí podemos evaluar si disponemos de la fuerza necesaria para permanecer motivados cuando todo vaya mal.

De donde sea que surja la motivación, tiene que estar arraigada al mensaje que ponemos en nuestro cerebro.

Perseverancia

Toda información debería establecerse con un condicionamiento de perseverancia. Esto determina que no quede como una idea más, guardada en un cofre oculto de nuestra mente, sino que se aprecie como un objetivo a alcanzar. Muchas veces sucede que las personas tienen la información, pero no ven resultados inmediatos y abandonan. La perseverancia tiene que ser parte de un mensaje claro y nada mejor para entenderla, que conceptualizarla dentro de la ley que la rige: la ley de gestación. Esta ley nos dice que todo proceso tiene un periodo de tiempo determinado y que las alteraciones del mismo afectan el resultado último. Nueve embarazadas no pueden tener un hijo en un mes. Cuando estás esperando un hijo, no vas cada mes al médico a preguntar: "¿ya está el niño? ¿Podemos hacer una cesárea?". Sabes que este trámite tiene un proceso que hay que respetar. Sucede lo mismo con nuestras metas, tienen un proceso. La única diferencia es que no conocemos con exactitud cuánto tiempo va a llevar dicho proceso, dado que no está estipulado en ningún calendario, porque a diferencia de un embarazo, estos procesos dependen de la persona. El tiempo que demore es directamente proporcional a la dedicación, estrategia, esfuerzo y sacrificio que la persona haga.

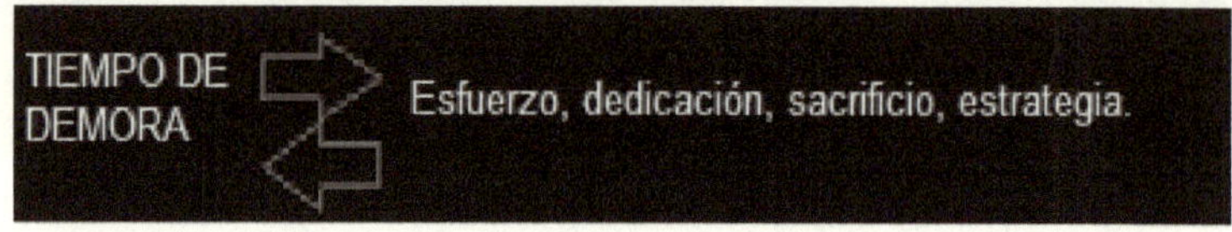

La persistencia es la clave de todo logro. El logro es la recompensa a todo esfuerzo.

Fo

Cada vez que coloques una nueva idea en tu mente que pueda servirte como estrategia para alcanzar eso que tanto quieres, debes creer firmemente en ella. Los conceptos en los que no creemos, es mejor no almacenarnos. Aprender por si algún día necesito las cosas, es similar a lo que hacen los acaparadores, juntan cosas con la esperanza de si algún día las necesitarán y se encuentran siendo viejos con almacenes de inutilidades. Mejor seguir buscando lo que realmente

158

creas que puedas aplicar. Cuando lo encuentres lo sabrás.

La fe es la insistencia del futuro sobre nuestro presente. En cuanto asumimos una idea como realizable, no solo desarrollamos una estrategia para alcanzarla, sino que establecemos un periodo de gestación de la misma. Porque la fe, indefectiblemente nos lleva a creer que lo alcanzaremos. Una persona que tiene fe en que va a comprarse un automóvil, cada vez que sale al patio piensa dónde va a estacionarlo, no sería de extrañar que comience a mover plantas que le quitarían espacio para el aparcamiento.

La fe es un empuje que hacen nuestros sueños dentro de nuestras expectativas, cada vez que tenemos esa certeza inmanente sobre algo que queremos alcanzar, nuestro pensamiento nos transporta a ella. Recordemos que todo pensamiento termina en un destino.

Control

El universo mismo tiene sus inicios en el caos. Sin embargo, nuestro comportamiento está sustituido por nuestra necesidad de controlar. Controlamos el medio ambiente, controlamos la naturaleza, a nuestros hijos, a las personas de la sociedad. Todo ese control es solo una medida de información. Necesitamos saber, saber nos proporciona seguridad.

Solo podremos establecer un mensaje claro a nuestra mente si tenemos pleno control de nuestros pensamientos, ya que solo de esta manera aspiraremos a tener control sobre nuestros actos.

Existen cinco factores que determinan cinco estadios de la conducta humana, cada uno de ellos pueden salvarse mediante la secuencia lógica que presentaré a continuación:

Ignorancia

El primer factor es la ignorancia, es decir, no contar con la información necesaria, ignorar los principios que podrían llegar a conducirme a lograr mis objetivos. La ignorancia es la causa de que la mayoría de las personas toleren su vida, vivan de acuerdo con los pensamientos de otros, no crean que merezcan o que puedan aspirar a más. La ignorancia es lo que impide a muchas personas siquiera soñar con alcanzar sus objetivos. Ahora supongamos que adquirimos esa información. Todavía nos falta resolver otro aspecto.

Indecisión

Salvamos el primer factor, tenemos la información necesaria, pero todavía no nos decidimos a ponerla en práctica. Lo que ocurre es que nos falta fe y seguridad propia. En primer término, no creemos que la información de superación personal sea confiable o que verdaderamente dé resultados y en segundo término no creemos que nosotros seamos capaces de obtener nada. Esa falta de seguridad nos deja estancados.

Inseguridad

Nos decidimos. Vencemos nuestra inseguridad y avanzamos hacia el siguiente peldaño. Hacemos el trabajo hoy, lo repetimos mañana, y el día después de mañana ya no hacemos más nada. Nos falta ser constantes, estamos acostumbrados a no persistir demasiado o a siquiera intentarlo.

Inconstancia

Aprendemos a ser constantes. Todos los días realizamos las cosas que tenemos que realizar, pero también al mismo tiempo tenemos hábitos que nos retrasan, que no disciplinamos y que no nos permiten avanzar.

Indisciplina
Nos deshacemos de todos los malos hábitos y ya solo es cuestión de tiempo y de paciencia.

CUESTIONARIO INTERACTIVO

1-¿Cuáles fueron las decisiones que tomé que me condujeron a estar dónde estoy?
2-¿Qué tipo de diálogo tienes contigo mismo?
3-¿Sabe tu mente lo que quieres y cómo alcanzarlo?
4-Si mañana ganaras un millón, ¿seguirías haciendo lo que hoy haces?
5- Si volvieras a vivir, cambiarías de tu vida: Todo / La mayoría de las cosas / Algunas cosas /Muy pocas cosas/ Nada.
6-¿Cómo y dónde estarás en diez años?
7-¿Cuáles son las personas más importantes en tu vida?
8-¿Puedes decir en cinco segundos cuál es tu máximo deseo?
9-Si hoy perdieras todo lo que tienes ¿Qué harías de aquí en más?

ACTIVIDADES

1-Realiza un listado de las cosas que más quieres en la vida.
2-Revísalo al día siguiente.
3-Anota tu principal objetivo.
4-Recorta fotografías que representen las cosas que más quieres.
5-Visualiza tu día ideal: ¿Dónde te gustaría estar? ¿Qué trabajo estarías haciendo? ¿Con qué personas estarías?
6-Coloca las fotografías, recortes o listas de objetivos junto a tu cama. De esta manera lo primero que verás al levantarte y lo último que verás antes de acostarte serán las cosas que tanto quieres.
7-Durante un día completo haz un listado de cada pensamiento que visite tu mente. Una vez lo hayas hecho evalúa en qué piensas y el mensaje que tu mente está recibiendo.

162

8-Repítete en voz alta, para ti mismo cuáles son tus objetivos. Ahora hazlo de una manera que tu mente realmente lo crea.

9-Nunca dejes de preguntarte… tu mente te dará la respuesta.

PRINCIPIO 7
"INMERSIÓN"

El ejercicio de este principio no puede imaginarse, tiene que vivirse.

Quiero que te tomes tres días de tu vida, que serán los tres días más productivos de tu existencia. En estos tres días tu mente hará un reajuste de todos tus sentidos y podrás reconocer que en realidad estuviste utilizando tus capacidades sensitivas a menos del 50%.

Durante el primer día, te vendarás los ojos y estarás completamente ciego. Tratarás de realizar las mismas actividades que realizas todos los días. Tratarás de enfocarte en todos los sonidos y olores que el mundo te ofrece y desarrollarás esos sentidos a los que poco interés les das. Pasarás este día sumergido en la oscuridad, imaginarás que así es la muerte y lo cerca que estás de ella. Mientras más veces realices este ejercicio tus sentidos del olfato, oído y tacto comenzarán a agudizarse.

Al consultorio de Pilar Sordo llegó un muchacho ciego de nacimiento llamado Jaime, estaba con un cuadro de depresión. Pilar le encomendó la tarea de que escribiera todas y cada una de las cosas que lo ponían feliz y que lo trajera la próxima semana. Llegó ese día y con ayuda de alguien que le tradujo del braille, Jaime completó varios cuadernos con las cosas que lo hacían feliz. La psicóloga comenzó a leer y a las pocas páginas se largó en llanto. Jaime le preguntó extrañado por qué lloraba y le respondió: "porque acabo de darme cuenta de que estoy más deprimida que tú, porque yo veo y no veo nada de lo que tú ves". Estas son algunas de las cosas que Jaime, el ciego de nacimiento anotó:

La temperatura de la ducha en la mañana.
El privilegio de poderse secar el cuerpo con una toalla seca.
El poder meterse en una cama con sabanas limpias.
La textura y el olor de un pijama recién lavado.
El olor a pan tostado en la mañana.
El sol pegándome en la cara cuando camino.
La carcajada de un niño a la distancia.
La gentileza de una cajera en el supermercado.
El olor a pasto recién cortado.
La textura del jabón al pasarla por el cuerpo en la ducha.
Las burbujas de la Coca-Cola pegándome en la nariz cuando subo el vaso.

El día siguiente quiero que no tengas ningún tipo de comunicación con el medio, retírate al campo con las provisiones necesarias para sobrevivir ese día. Asegúrate de que nadie te visite, apaga tu teléfono, computadora, no leas, no escuches a nadie. Y dedícate a meditar y a descansar, a percibir los olores del campo, de las flores, el sonido de la lluvia, del viento y en desconexión total, como si el resto de la humanidad no existiera, te olvidarás de tu familia, de tus amigos, de todo. Este día es para ti. Luego de la ceguera, tu cerebro hará un reajuste perceptivo y sensorial que te otorgará no solo más capacidad de percibir el mundo de otra forma, sino de poder desglosarlo y contemplarlo en una calidad de calma y amplitud, como si el tiempo se dilatara.

El último día quiero que lo pases dándote caricias, quiero que inviertas en masajes, en baños termales, en saunas, en dormir en una cama realmente placentera, en hacer elongaciones, comer solo frutas, verduras y agua. Y descansando la mayor parte del tiempo, siempre en posiciones cómodas preferentemente recostado/a.

166

Luego de estos tres días tu cerebro está preparado para abrir espacios entre los pensamientos para renovarlos, crear nuevos, establecer y buscar soluciones y respuestas. Tu mente está ahora preparada para tomar las decisiones más importantes de tu vida, luego de este proceso. A medida que vayas prolongando el tiempo de cada una de las etapas se incrementarán los resultados que consigas.

Experimentar la inmersión

Si tuvieras que quedarte colgado de una barra de acero, seguramente soportarías algunos minutos sin soltarte. Ahora, si debajo de ti hubiera un precipicio, lo que podrías aguantar se duplicaría. Es sabido de casos de hombres que ahogándose en una piscina o río han ahogado también a otros hombres más corpulentos que intentaban ayudarlos, a causa de la desesperación. La adrenalina lleva a personas a correr por su vida a velocidades que no podrían reproducir. El principio de inmersión trata de introducir esta misma fuerza. La inmersión nos ayuda a desarrollar tareas en absoluta concentración para enfocarnos en nuestro trabajo. A la mente le cuesta mucho concentrarse, pero le cuesta muchísimo más cada vez que nos distraemos, volver a concentrarse y se desgasta más fácil que si estuviera enfocada por varias horas.

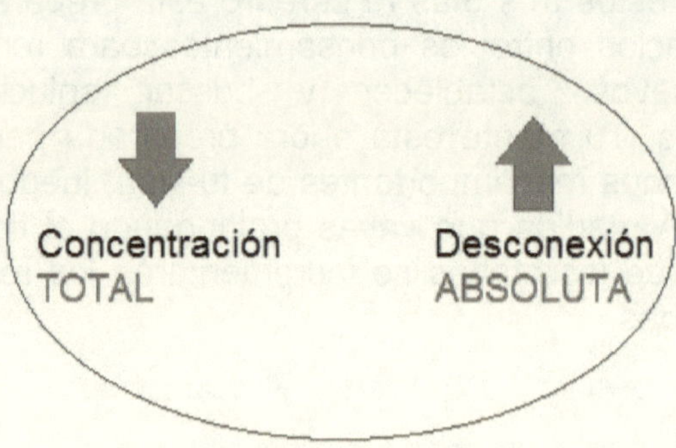

La inmersión requiere de una total concentración para estar plenamente enfocados con la tarea que estamos realizando y una desconexión absoluta del medio. Se han comenzado a diseñar cursos de aprendizaje de idiomas, por ejemplo, que utilizan la inmersión como forma de asimilar información. De esta manera los conceptos quedan impregnados, ya que los idiomas al igual que mucha otra información, cuando no se los practica por un cierto tiempo se van perdiendo.

Imagina un agente infiltrado dentro de una red de narcos, tiene que desarrollar, interpretar e improvisar una actuación merecedora de un premio, ya que su vida está en riesgo. Trabajar en la inmersión no es esperar ansioso la hora de ir a dormir, sino aguardar emocionado la hora de levantarse a trabajar. Hacer las cosas como si de ello dependiera tu vida. Tomar cada tarea como si estuvieras encomendado a salvar el universo. Decir de todo corazón una trivialidad.

Convicción

Escucho a una joven, decir que jamás se va a casar. Veinte años más tarde, está casada. Oigo a un hombre decir que no cree en dios. Diez años después, está predicando el evangelio en una plaza pública. Oímos cientos de veces decir a personas: "Yo no quiero que mis hijos pasen por lo que yo pasé", décadas más tarde sus hijos están en peores condiciones de las que ellos estuvieron. Nunca te voy a engañar", "siempre voy a estar a tu lado", "cuenta conmigo para lo que sea" y cientos de frases más que las personas dicen, pero no sostienen; prometen, pero no cumplen.

Si nos detenemos a prestar atención a todas las cosas que la gente sostiene sin convicción y ese mensaje logra impactarnos, quedaremos atascados como ellos en un mundo falsamente inmóvil. La falta de convicción en lo que se dice, acarrea falta de pasión en lo que se hace, y la falta de pasión en lo que se hace, genera que no se disfrute lo que se obtiene.

Esta carencia hace que nunca sepamos a dónde vamos, que estemos de acuerdo con todos los ideales y no persigamos ninguno. Nos conduce a no tener personalidad y a no adoptar nunca una postura más que imitar la de turno. Las personas sin convicciones por lo general condenan y segregan a todos aquellos que, a fuerza de sus propios dogmas, se arriesgan y fallan una y otra vez, reafirmando su actitud inerte de que todo está mejor tal y como está. Dijo Carnegie: "Cualquier tonto puede criticar, censurar y quejarse, y casi todos los tontos lo hacen".

A la persona sin convicciones, por general, la reconocemos como la persona sin proyectos que nunca alienta la iniciativa, sino más bien tiende a menospreciarla. Vamos en busca de su opinión porque creemos que ella nos brindará un panorama más realista de lo que nos proponemos, pero solo nos brinda una perspectiva pesimista acerca de todo. Tendrá a la orden del día todas las desventajas y obstáculos que se nos presentarán, evocará argumentos de fracasos contemporáneos, tendrá almacenada con nombre y apellido a cada una de las personas que incursionaron en lo que tú pretendes y lo mal que les fue. Estas personas se hunden junto con la misma mediocridad que erigen. Creen que las intenciones no determinan nada, que las decisiones no afectan nuestro "destino". Sin darse cuenta de que el problema de creer en el destino es que encierra un concepto de pensamiento totalmente perdedor, que no nos permitirá avanzar jamás y lo define una sola palabra: resignación. A esta gente que se resigna se la puede oír decir frases tales como: "Así es la vida del pobre", "uno no elige de quien enamorarse" o "nunca voy a tener tal cosa".

Para alcanzarlo todo, tenemos que tener idea de cómo hacerlo, las ideas tienen que ser convincentes, y esa convicción debe ser acompañada por acciones que las respalden; las acciones a su vez deben ser constantes y perseverantes; y solo se persevera en aquello que se sostiene con convicción.

La convicción es la seguridad que tiene una persona de la verdad o certeza de lo que piensa o siente. La convicción es la base de la inmersión.

Imagina a un actor que tenga que interpretar un personaje, deberá sentir en lo más profundo los diálogos, identificarse con lo que le sucede, experimentar lo que él siente y demás. Cuando el actor nos hace creer que es realmente el personaje que está interpretando es cuando logra el reconocimiento. El compromiso con la causa, la fidelidad a nuestro propósito, y la convicción en lo que pensamos, nos adhiere la motivación de poder creer que cada cosa que hacemos es realmente significativa.

Eso que buscas...

Edison, ya era millonario cuando inventó el fonógrafo, ¿por qué se obsesionó con inventar la lamparilla? Si bien hay varias versiones, unos dicen que intentó unas dos mil veces, otros quinientas, cualquiera de estas dos cifras es más de lo que una persona que no tiene un motivo desesperado como el hambre, o la grandeza podría intentar. Edison ya era rico y famoso, había algo más que lo mantenía inmerso en lograrlo.

¿Ustedes creen que Lionel Messi juega el Mundial de futbol para ganar dinero?

Sin duda hay cosas que van más allá de un simple deseo de tener un buen estándar de vida o de cumplir un objetivo. Hay sueños que mueven a las personas a ir más arriba que el mismo cielo, a impulsarse desde más abajo que la tierra, a resistir más de lo que una persona común podría resistir, a persistir muchas más veces de las que marca la lógica, la obstinación o la necedad.

Cuando hablamos de inmersión, hablamos de impregnarnos con los conceptos, de sostener nuestros principios en cada nueva decisión que tomamos, en mantenerla y sumar nuevas buenas decisiones.

Cuando hablamos de inmersión, hablamos de una pasión por lo que hacemos, la pasión es un sentimiento tan intenso que domina la voluntad y a veces puede hasta perturbar la razón. Para estas alturas del libro nuestra razón no puede ser perturbada. Y nuestra voluntad solo puede ser dominada por nosotros mismos, por lo tanto, solo nos queda ese sentimiento intenso que podemos catapultar hacia nuestros objetivos y finalidades.

Técnica del secuestro

Imagina que tienes que juntar diez mil o cien mil o un millón. Si te pones a hacer cálculos te darás cuenta de que te tomará un tiempo bastante considerable juntarlo. Ahora imagina que secuestran a tu ser más querido. Te llaman los secuestradores y te dicen que solo la liberarán si les entregas ese dinero. Te aseguro que en menos de tres días tendrás en tus manos la suma estipulada.

No es el dinero, no es la riqueza, siquiera es la herencia, es solo la mente la que provoca encontrar las herramientas necesarias en los lugares más insólitos, ya que algo que no estaba predispuesto puede aparecer solo por haberlo buscado.
Es el impulso de la desesperación lo que nos impulsa a hacer cosas que no creíamos que pudiéramos hacer jamás.
¿Cuántas cosas ignoramos que tenemos? ¿Cuántos recursos siquiera sospechamos que poseemos?

Imagina que realmente secuestran a la persona que más quieres y responde:
¿Cuántas formas de conseguir ese dinero tienes? Haz una lista.

Ahora vayamos un poco más profundo e imagina la siguiente situación: el secuestrador te llama y te dice que no quiere dinero, que solo liberará a esa persona, si tú logras tu máximo deseo. ¿Cuántas formas de alcanzar ese deseo tienes? Elabora una lista.

La técnica del secuestro nos ayuda a buscar herramientas, formas y métodos en los que nunca hubiéramos pensado, porque no nos ha apremiado para que lo hagamos.

Porcentaje

El mundo está dividido en dos grupos: el 95% de los seguidores, de los soñadores, de las personas que nunca alcanzan sus objetivos, y que viven soñando con hacerlo. Y el 5% de los líderes, de la gente que sí logra lo que quiere. La lógica te dice que estás 9 a 1 de ser pobre, es decir que, si lo piensas, tienes muchísimas más posibilidades de ser pobre que de ser rico. Si ser exitoso fuera un juego de lotería, sin lugar a duda apostarías por ser pobre, porque es lo más probable que te suceda.

A la mente nunca hay que decirle la verdad y una persona nunca tiene que asumir verdades devastadoramente críticas para con su persona, si te dices o te dicen que eres un perdedor, hay un 95% de que lo seas. A estos conceptos la lógica los acepta fácilmente, sin embargo, entran en conflicto con la mente imaginativa que no tiene límites.
El evento principal de La serie mundial de Poker, reúne en promedio, a más de seis mil jugadores y un premio al ganador de aproximadamente seis millones de dólares. Una posibilidad en seis mil y sin embargo uno de ellos será el ganador. Las posibilidades son ínfimas, pero siempre hay uno que lo gana.

Ahora vayamos un poco más atrás, cuando el torneo inicia, todos creen o albergan la ilusión de poder ganar. Hay algo que nos impulsa a arriesgarnos cuando las probabilidades están en nuestra contra. Cada vez que una persona juega a la lotería mantiene una esperanza casi ridícula de poder ganar.

Las estadísticas, las probabilidades y las matemáticas no necesariamente determinan si alguien tendrá o no, los resultados que busca.

Sin límites

En 1896 el americano Tom Burke recorrió en 12.00 segundos los 100 metros llanos en los Juegos Olímpicos de Atenas. Cuando esto ocurrió todos se maravillaban de su increíble velocidad, se creía que nadie podía ser más veloz. En 1900 Frank Jarvis lo logró en 11.00 segundos dejando con la boca abierta al mundo entero. Más tarde en 1908 Reginald Walker marcó un nuevo record con 10.8 segundos. En 1924 Harold Abrahams lo logró en 10.6 segundos. En 1932 Tomas Tolan alcanza los 10.3 segundos para ser superado en 1964 por Robert Hayes 10.0 segundos. En 1968 Jim Hines 9.95 y así hasta llegar a Usain Bolt que lo hizo en 9,69 segundos. Cada una de las veces que el record se rompió, se creía que nadie iba a poder superarlo y siempre alguien nuevo llegó y lo hizo más veloz, lo que nos deja como enseñanza que el ser humano no tiene límites y siempre se está superando a sí mismo.

Por eso hablamos de impregnar nuestra mente con la superación personal hasta nuestros huesos, de tal manera que no podamos rendirnos nunca hasta alcanzar nuestros objetivos. La mente y el cuerpo por lo general son perezosos, el espíritu es lo que nos impulsa hacia la acción.

Trabajar al 100% de nuestra capacidad. Exigir tu máximo rendimiento, dar tu mayor esfuerzo. Actuar sobre las cosas y no que las cosas actúen sobre nosotros, provocar que las cosas sucedan y no esperar que las cosas sucedan. ¿Cuándo fue la última vez que trabajaste hasta quedar agotado? ¿Cuándo fue la última vez que persististe hasta el final?

Enganche cruzado

Afuera está lloviendo, tienes que salir a entrenar porque tu rutina de ejercicios así lo marca, sin embargo, no te arriesgas a enfermarte por un día que faltes a tu entrenamiento. Continúa lloviendo y te das cuenta de que

te hace falta un elemento para terminar tu trabajo y deberías salir a comprarlo, te acuerdas de que tienes el automóvil en el taller mecánico con algunos desperfectos y decides dejarlo para mañana. La lluvia se hace más intensa. De pronto suena el teléfono, es tu pareja que te dice que te está esperando en la cama y tiene puesta esa ropa interior que tanto te gusta…
Quiero que seas sincero/a en este punto: lo más probable es que salgas bajo la lluvia y camines las cuadras que sean necesarias para llegar.

Ahora imagínate tener ese mismo impulso para el sacrificio. La forma en la que vemos el trabajo a realizar es la forma en la que nos programamos para realizarlo. Hay actividades que sabemos son difíciles, cursos que tomamos que superan nuestra capacidad intelectual, trabajos complejos que nos demandan casi el total de nuestro esfuerzo físico y mental, y para ellos estamos mal dispuestos.

Algunas cosas que nos resultan fastidiosas nos debilitan antes de comenzar, por los niveles de dificultad que presentan. Luego nos damos cuenta, una vez terminadas, que no eran tan costosas como parecían, sin embargo, les tenemos respeto y nos atemorizamos ante ellas. Por eso cambiar el enganche o la manera en la que asimilamos estas actividades para poder predisponernos de manera positiva a ellas es la herramienta fundamental.

Imaginemos entonces que cuando vamos a realizar una de estas actividades tan demandantes, en realidad vamos a hacer lo que más nos gusta, una buena forma es distraer a nuestra mente, ya dijimos que el cerebro no reconoce la diferencia entre realidad y ficción, por lo tanto, si lo engañamos cruzando las emociones podemos programarnos para tomar los desafíos como verdaderos placeres.

CUESTIONARIO INTERACTIVO

1-¿Estás cansado de realizar el trabajo que realizas?
2-Si haces bien tu trabajo y tu trabajo no te gusta...
¿Cómo piensas que te desempeñarías en un trabajo que
realmente te agrade?
3-¿Eres el primero en llegar a tu trabajo?
4-¿Eres el último en irte de tu trabajo?
5-¿Cómo puedo ser mejor en mi trabajo?
6-¿Qué aprendí nuevo en mi trabajo?
7-¿Cuánto sabes de lo que piensas que podría darte todo
lo que realmente deseas o sueñas?
8-¿Cuándo fue la última vez que trabajaste hasta quedar
agotado?
9-¿Cuándo fue la última vez que persististe hasta el final?

ACTIVIDADES

1-Hoy quédate hasta tarde en tu trabajo, prueba con ser
el último en retirarte.
2-Mañana se el primero en llegar a tu trabajo.
3-Realiza todo como si tu vida dependiera de ello.
4-Hazte promesas para cada actividad que realices.
5-Recompensate cuando logres algo.
6-Castigate cuando no cumplas algo que dijiste que
harías, quítate algo placentero.
7-Trabaja más de lo necesario.
8-Estudia más que simplemente lo que necesitas saber.
9-Cada cosa que realices, trata no solo de ser el mejor,
sino de entenderla mejor que nadie, saber cómo
funciona, por qué lo hace, para qué sirve, de dónde
proviene y demás.

PRINCIPIO 8
"ATACAR CON TODA LA ARTILLERÍA"

Imaginemos que vamos a la guerra, ¿podríamos ir con un revolver con una sola bala, dispararla y decirles a nuestros enemigos: "aguarden un mes por favor a que lleguen las ametralladoras"? No. Cuando iniciamos una campaña de marketing ocurre lo mismo, cuando vamos a salir a la carga con un producto, debemos salir con toda la artillería, si es que queremos que tenga el efecto deseado. La publicidad tiene que ser constante y continua, no podemos detenernos a pensar, debemos primero tener una serie de ideas antes de encarar la primera, para que no nos quedemos sin municiones a mitad de camino.

Toda la artillería

Si hago afirmaciones, pero no hago ejercicio; si ahorro, pero no invierto; si trabajo, pero no leo, tarde o temprano el peso de mi mediocridad verá reflejada mi ineptitud. A diferencia de la inercia que es la multiplicidad de tareas, atacar con toda la artillería es la multiplicidad de técnicas y herramientas para cada tarea.

Comparémoslo con un gimnasio de musculación: inercia sería similar a hacer un ejercicio de cada músculo. Atacar con toda la artillería es el equivalente a hacer todos los ejercicios de cada músculo. Significa tener el plan de ataque y las herramientas, e iniciar cuando tengamos todas las armas a nuestro alcance.

Imagina que quisieras emprender un viaje largo, de pronto estás en tu casa, subes a tu automóvil y dices allá

voy. No revisas si tiene combustible, si funcionan todas las luces, si el motor anda bien, si necesita un cambio de aceite, etcétera. Tienes el impulso y te lanzas hacia él. Lo que sucede aquí es que al iniciar cualquier acción sin antes verificar si contamos con toda la artillería no es muy factible que alcancemos el objetivo. Pensamos que con el mínimo esfuerzo y algunas pocas herramientas podemos lograr cualquier cosa. Esto no es suficiente, y por este motivo es que fracasan nuestras empresas.
Si emprendemos un viaje con la mitad del combustible, nos quedaremos a mitad de camino.

Plan de vida

La falta de planeamiento es lo que nos lleva a los desaciertos más significativos de nuestra existencia. Antes de atacar con toda la artillería debemos conocer cuál es objetivo de nuestro ataque, hacia dónde voy a dirigir mi artillería.
¿Cómo voy a llevar mi artillería ahí?: Preparándome y capacitándome lo mejor que pueda.
¿Hasta cuándo voy a seguir atacando?: Hasta que lo logre.

Existen varias formas de programar un plan de vida:

Por periodos de tiempo: esta forma supone establecer una visualización acerca de cómo pretendemos estar en un determinado tiempo.
¿Cuál es mi meta del día?
¿Cuál es mi meta de esta semana?
¿Cuál es mi meta a quince días?
¿Cuál es mi meta a un mes?
¿Cuál es mi meta a un año?
¿Cuál es mi meta a cinco años?
¿Cuál es mi meta a 10 años?

¿Cuál es mi meta final?
Por roles: también se puede utilizar una forma de diagramación basada en los roles que cumplimos a diario.
¿Cuál es mi meta como padre?
¿Cuál es mi meta profesional?
¿Cuál es mi meta artística y deportiva?
¿Cuál es mi meta económica?

Tener un plan de vida no solo es programar mi destino, sino que significa tener un manual a seguir, saber cuál es la mejor decisión que podemos tomar en cualquier circunstancia. De eso se trata tener principios y parámetros. Si prosigo bajo este manual nunca traicionaré mis ideas o mis sentimientos.

Afirmaciones

Decir afirmaciones que actúan como programación neurolingüística, no solo me preparan para lograr la profecía auto-realizable, sino que me incentivan y me predisponen a iniciar cada una de las actividades que me he propuesto de la manera más conveniente. Afirmar cada mañana la importancia del nuevo día que se dispone para lo mejor, me prepara para lo mejor y allí se pone de manifiesto no solo la profecía auto-realizable sino también la ley de atracción.

Las afirmaciones deben ser positivas, en presente y sujetas a una carga emocional.

Primera afirmación *"de agradecimiento"*
Apenas abrimos los ojos la primera afirmación debe dirigirse al agradecimiento por un nuevo día.
Simplemente eso. Gracias.

Mi mente lo escucha y toma acción.

Segunda afirmación *"de logro"*
Las afirmaciones de logro deben ser positivas, personales y en tiempo presente. Un ejemplo sería:
Voy en camino de alcanzar, lograr, llegar, conseguir, etcétera.
Mi mente lo escucha y toma acción.

Tercera afirmación *"de logro"*
Puede ser una a varias cosas más que quiera lograr.
Mi mente lo escucha y toma acción.

Cuarta afirmación *"de entusiasmo"*
Recargar energía. Esta afirmación se hace a mitad del día para otorgar un mayor rendimiento, recarga tu poder mental para que este a su vez recargue la energía física.
Mi mente lo escucha y toma acción.

Quinta afirmación *"de control mental"*
Tomo el control de mis emociones para dominar las acciones que desprenden de ellas.
Mi mente lo escucha y toma acción.

Sexta afirmación *"de control mental"*
Tomo el control de mis pensamientos para que se originen buenas emociones que generen buenas reacciones.
Mi mente lo escucha y toma acción.

Séptima afirmación *"de agradecimiento"*
Agradecer por el día vivido por todo lo que pude hacer con el mismo.
Mi mente lo escucha y toma acción.

Imagina que eres el mejor jugador de un juego colectivo como el futbol, pero debes jugar contra once jugadores tú solo, acabarías perdiendo y no convertirías un solo tanto. Ahora si tú haces afirmaciones una hora por día, pero estás despierto doce horas por día o más, es como si estuvieses jugando un partido tú solo contra once. Las afirmaciones deben volverse una constante, hasta convertirse en algo adquirido.

Ejercitación física y alimentación adecuada

Ya lo dijimos el cuerpo humano es la única máquina que mientras más duerme, más sueño tiene, mientras menos hace más cansado se siente. El ejercicio físico no solo me da una seguridad propia que muy pocas cosas lo logran, sino que además me recarga de energía.
Si no tenemos un deporte al que le dediquemos al menos cuatro días a la semana, debemos establecer una rutina de ejercicios dividida en dos secciones, una anaeróbica y otra aeróbica.

Nos alimentamos muy mal, es una realidad. Llevamos tres, a lo sumo cuatro comidas diarias, cuando deberíamos llevar seis. La mayoría de las personas están deshidratadas durante todo el día, piensan que al tomar cualquier tipo de líquido estarán hidratados y sin embargo, el café, el té, las bebidas carbonatadas no hidratan, por el contrario deshidratan, porque tienen componentes diuréticos, deberíamos empezar el día hidratándonos.
La comida más importante del día es a la que menos importancia le otorgamos y paradójicamente la comida a la que menos importancia debiéramos darle, se convierte en la más pesada de todas.

Los médicos no entrenan. En los años que llevo trabajando, entrenando y dando clases en gimnasios, puedo decir que nunca vi a un médico entrenar. Por el contrario, cuando voy al médico veo que en su gran mayoría tienen cuerpos obesos y muy poco saludables. No he visto tampoco una nutricionista con el cuerpo de una modelo. Existen disciplinas en las que no siempre el que más sabe es quien mejores resultados tiene, pero en lo que se refiere a lo físico, por lo general se cumple esta regla. Si yo quiero bajar de peso y voy a pedir orientación, y el especialista que me atiende tiene un peso de doscientos kilogramos, no creo que le tenga la confianza suficiente. Lo que mi mente tiende a pensar es: "si sabes tanto cómo no consigues bajar".

No queda ninguna duda acerca de que un médico o una nutricionista, saben más del proceso molecular de la alimentación o del aparato digestivo, saben mucho de cómo algunas actividades, alimentos o inactividades afectan al miocardio y el resto de los órganos, pero dudo enormemente que sepan qué ejercicios son los más adecuados para cada tipo de cuerpo, qué dieta debe seguir una persona de acuerdo con el entrenamiento que tenga y, como ya dijimos, no estaremos en estado óptimo si no combinamos ambas. Una buena dieta sin un programa de ejercicios o un deporte, un buen programa de ejercicios o un buen deporte sin una buena dieta, no dan resultado.

✓ Lo primero que debo hacer a la mañana ni bien me despierto es tomar un vaso de agua.
✓ Tomar 1 litro de agua por cada 25 kilos de peso corporal por día como mínimo. La mayoría de la gente vive deshidratada, tener sed es síntoma de que ya estamos deshidratados.
✓ Cambiar las comidas fritas por comidas horneadas o hervidas.

- ✓ Suspender los alimentos altos en calorías y grasas. Solo necesitamos un 10% de grasas y las debemos extraer de los frutos secos y aceites crudos.
- ✓ Hacer seis comidas diarias. Incluir colaciones.
- ✓ Desayunar cereales, jugos de frutas, pan negro, queso descremado, yogurt con cereales o frutas, claras de huevo hervidas, licuados.
- ✓ Evitar los carbohidratos durante la cena. La cena debe consistir en proteínas que es lo que más utiliza el cerebro para sintetizar neuronas y renovar viejas por nuevas células, durante el proceso de sueño.
- ✓ Hacer ejercicios físicos durante las primeras horas de la mañana. El entrenamiento debe dividirse en anaeróbica y aeróbica, incluso en las personas más jóvenes deben implementarse los ejercicios de potencia.

Aprender algo nuevo cada día

El cerebro tiende a producir, es como un gran jardín, lo puedo sembrar con las plantas y flores que yo elija y que me gusten o se llenará de maleza, pero se llenará de todas maneras. Elegir cuáles son las cosas que quiero aprender y decidir aprender algo nuevo cada día es lo que evitará que esto suceda.

Llegada cierta edad, muchas personas deciden no aprender nada más, consideran erróneamente que ya saben lo suficiente y creen poder adaptarse a las nuevas reglas con el conocimiento que adquirieron. Lo cierto es que la renovación de información se torna tan violenta, que estar a la altura de todo lo nuevo, es prácticamente imposible. Incluso la misma capacitación resulta quedar atrasada durante el mismo tiempo en el que nos estamos capacitando. Estoy aprendiendo lo último en tecnología, un curso que dura tres meses. Para cuando lo termino, la información que adquirí resulta que ya ha quedado atrasada. Esto a simple vista pareciera desalentador, pero si no recibimos esa capacitación primaria, nos resultará extremadamente difícil alcanzar el ritmo de la gente que está constantemente capacitándose.

Meditar

La meditación es el único momento en que la mente y el cuerpo están situados en el mismo tiempo y espacio, por lo general estamos o añorando el futuro, o recordando el pasado. Meditar puede ser cualquier cosa que hagas que deje en silencio tu mente. La gente que medita durante 2 horas, en realidad consigue 2 o 3 minutos de silencio. Algunos hasta lo equiparan con el fluido. Durante estos estadios, nuestro cerebro reacondiciona las ideas, acomoda los pensamientos y encuentra respuestas a interrogantes. De esta manera generamos la habilidad de crear, resolver los conflictos internos y conseguir tomar buenas decisiones. La meditación prepara las respuestas adecuadas a los estímulos y abre paso a la creación, recorre nuestra mente conectando cabos sueltos para que podamos evaluar y entender aspectos de nuestro comportamiento y de los resultados que obtenemos.

Crear

Muchas personas piensan que no son creativas, o que a ellas jamás se les ocurre nada.
Existen varias maneras para desarrollar la creatividad. Una manera en que se puede lograr es utilizando técnicas de pensamiento creativo y existen infinidad de libros que tratan de ello, en internet se encuentran detalladas las más famosas y efectivas. Se puede ser

184

creativo también ampliando nuestro conocimiento, es válido decir que mientras más sabemos acerca de un tema, nuestro cerebro es más propenso a ponerse en actividad de elaborar atajos o nuevos métodos de realizar una tarea específica o en mejorar algo predeterminado.

La creatividad, a diferencia de lo que se cree, es un elemento tan común como cualquiera de los sentidos que poseemos. Si aplacamos nuestra creatividad fijando en nuestra mente la idea de que no somos creativos. Nuestra creatividad no florecerá jamás. Sin embargo, en cada situación que intentamos resolver, recurrimos a nuestro ingenio, elaboramos formas de trabajar, creamos patrones de conducta, forjamos formas de pensar y opiniones.

En todos estos procesos está involucrada nuestra creatividad. Una barrera mental que debemos romper es cuando tenemos que poner a trabajar nuestra creatividad para el arte y los negocios y creemos que no somos efectivos, esto no es verdad. A medida que ejercites tu creatividad, más y mejores ideas visitarán tu mente.

CUESTIONARIO INTERACTIVO

1-¿Estás echando mano a todas tus facultades, habilidades, conocimientos y herramientas?

2-¿Cuánto hace que no das todo lo que tienes para lograr algo?

3-Cuando te estableces una meta ¿tienes una lista de todas las herramientas con las que cuentas para llevarla a cabo?

4-¿Buscas la mejor manera de hacerlo o vas improvisando sobre la marcha, probando una y otra cosa esperando que alguna funcione?

5-¿Cuándo fue la última vez que agotaste todos los recursos antes de rendirte ante un desafío?

6-¿Cómo es tu rutina diaria?

7-¿Y tu alimentación?

8-¿Cuánto sacrificio estás dispuesta/o a hacer para llegar a tus objetivos?

9-¿Desistes y te quedas maldiciendo tu suerte ante el infortunio o te levantas te limpias el polvo y retomas con más fuerza?

ACTIVIDADES

1-Enumera cada una de las habilidades que posees.

2-Ahora detalla dentro de esas habilidades que tienes, cuál de los procesos desarrollas mejor.

3-Haz una lista de todos tus proyectos. Junto a esa lista, realiza otra con todas tus herramientas, contactos, conocimientos, experiencias y capacidades. Ahora idea la forma de atacar cada uno de tus proyectos con la mayor cantidad de armas posibles.

4-Capacítate intensamente acerca de todas las cosas que quieras hacer.

5-Practica continuamente hasta volverte un experto.

6-Obsesiónate con eso que tanto quieres.

7-Imita a quien ya logró lo que tú quieres.

186

8-Establece una meta imposible de alcanzar, e intenta alcanzarla.

9-Persiste hasta el final. Que el último día de tu vida te encuentre intentando lograrlo.

PRINCIPIO 9
"EL MILLÓN DE DÓLARES"

Vas caminando por una calle desierta, no hay nadie a tu alrededor. De pronto aparece un hombrecillo extraño, con una enorme valija, viene corriendo hacia ti. Cuando al fin te alcanza, abre la valija y te entrega un cheque por un millón de dólares. El hombre continúa huyendo y detrás de él otros hombres lo persiguen. Llegas a la esquina emocionado y con algo de temor por lo que acaba de suceder y te das cuenta de que hay un banco enfrente tuyo de la misma firma que el cheque que tienes en tus manos. Cruzas la calle, llegas a la ventanilla y te atiende una chica muy simpática. Le entregas el cheque y ella te dice que aguardes un segundo. Ya habían tenido noticias que iba a ser cobrado ese día. La chica tan simpática de la ventanilla se acerca con un formulario y te pide que lo completes, el formulario tiene una sola consigna: te pregunta qué vas a hacer con ese millón de dólares y te advierte, además, que, si no llegas a enumerar al menos nueve cosas que harías, te quedas sin el millón.

Las nueve cosas que las personas más nombran son las siguientes:

1. Comprar una casa.
2. Comprar un automóvil.
3. Viajar.
4. Ayudar a mi familia y amigos.
5. Invertir.
6. Hacer lo que me gusta.
7. Donar a entidades benéficas.
8. Hacer una gran fiesta.
9. Construir una obra que permanezca en el tiempo.

Si te detienes un momento en cada una de ellas te darás cuenta de que:

Casa y automóvil: ¿Cuántas personas que conoces tienen casa propia y automóvil propio? ¿Son mucho más inteligentes que tú? Esas personas que conoces que ya tienen una casa y un automóvil, ¿tienen un talento inigualable? ¿Nacieron millonarios? ¿Trabajan dieciséis horas diarias? Seguramente no. Ahora responde: ¿Qué te está impidiendo alcanzar esos objetivos?

Viajar: ¿Acaso nunca has viajado? No existen demasiados destinos que cuesten más que un automóvil de calidad media, por lo general un boleto para alguno de los principales destinos turísticos, cuestan una cuarta parte de lo que vale un automóvil, y hay millones de personas en el mundo que tienen automóviles.

Ayudar a mi familia y amigos: dime una cosa ¿alguna vez les has preguntado a tu familia o amigos de qué manera puedes ayudarlos? Te darás cuenta de que para ayudarlos realmente, el costo de inversión es mínimo, el tiempo y la dedicación es todo. Y eso no se compra con un millón de dólares.

Invertir: quizás sea el punto más difícil de poder afrontar, sin embargo, existen miles de maneras de invertir, para ello debes primero capacitarte, informarte e interiorizarte acerca del negocio en el que deseas invertir.

Hacer lo que me gusta: ¿Cuántas cosas que te gustan haces durante el día? ¿Hay algún motivo de fuerza mayor que te impida hacer lo que te gusta?

Donar a entidades benéficas: aunque no dispongas de capital para hacer donaciones, lo mismo puedes colaborar con trabajo voluntario, participando de manera activa. Existen miles de organizaciones que más que dinero requieren voluntarios, o en las cuales se puede colaborar con materiales que pueden sobrar en una casa o con donaciones mínimas.

Hacer una gran fiesta: necesitas realmente hacer una gran fiesta, si lo que quieres es divertirte existen miles de maneras de encontrar diversión sin la necesidad de mostrar a todos que tú puedes costear una fiesta de esa magnitud y si lo que quieres es hacerlo no para divertirte, lo que tienes es un problema de autoestima baja, deberías visitar a un psicólogo.

Dejar una obra que permanezca en el tiempo: la mayoría de las obras que se han realizado que aún permanecen y que permanecerán por varios siglos más, no tuvieron mayor costo que el talento de sus creadores.

Por lo tanto, deja de creer o de intentar convencerte a ti mismo que no haces las cosas porque no tienes un millón de dólares, no haces las cosas porque crees que necesitas un millón de dólares para hacerlas.

Pedir lo que ya tienes

Si buscas por todos lados aquello que deseas y no lo encuentras, significa que ya lo tienes.

Baja Dios a la tierra por primera vez, toda la gente se reúne a esperar este gran acontecimiento. De pronto hace su aparición y se dirige a un niño. El niño lo mira sorprendido y le dice: "quiero que haya dos soles, porque uno no me alcanza". En ese momento, dios mira al cielo y aparece un segundo Sol. De esta manera queda concedido su deseo. Toda la gente de alrededor queda enojada e indignada. "¿Por qué le cumples el deseo a este niño cuando todos pedimos y a nosotros nada se nos cumple?" Grita uno de los presentes de entre la multitud y Dios responde: "porque es la primera vez que alguien me pide algo que yo no le haya dado". Dios mira a todos los presentes y continúa diciendo: "¿quieres riqueza y fama? Ahí la tienes, que te impide llegar a ella, yo no te lo impido y si yo no te lo impido, nada ni nadie puede impedírtelo. ¿Quieres grandeza? Pues realiza actos grandes y tendrás grandeza. Todo está ahí afuera solo tienes que tomarlo"

Ahora piensa detenidamente: ¿Cuáles son las cosas que quieres y qué te está impidiendo realizarlas? Te darás cuenta de que muchas de esas cosas están al alcance de tu mano y nada te impide obtenerlas. Nada, más que tu propia creencia de que no puedes.

Donde se esconde el potencial

Más allá de cualquier situación existen una infinidad de posibilidades, todo evento tiene un potencial oculto que muchas veces no somos capaces de identificar. Esta incapacidad se debe exclusivamente a que no pensamos de la manera en que piensa un genio.
Tendemos a pensar que:
Los genios son de otro planeta.
Nacieron en el momento y lugar correcto.
Tienen poderes divinos.
Fueron tocados por una varita mágica.

Ahora contempla este pensamiento: ¿es posible que alguna de estas afirmaciones sea cierta? ¿Alguien nació en el lugar correcto? La mayoría de los personajes más importantes de la historia fueron grandes muy lejos de su tierra. ¿Fueron realmente tocados por una varita mágica? Si esto fuera cierto ninguno de ellos tendría que haberse esforzado, luchado, sufrido o entrenado para conseguir lo que querían. Si Edison hubiera sido tocado por una varita mágica ¿cómo se explica que haya fallado doscientas veces antes de inventar la bombilla eléctrica? Si Maradona fue tocado con la varita mágica ¿para qué se levantaba a entrenar todos los días como el resto de sus compañeros?

Cada vez que miremos a una persona con éxito preguntémonos: ¿Qué hay detrás de su éxito? Descubriremos que esa persona tuvo que pasar por miles de situaciones que a ti te hubieran obligado a abandonar. Cada vez que una situación adversa nos sorprende, debemos preguntarnos: ¿Qué tengo que aprender de todo esto? ¿Cuáles son los beneficios que tiene esta situación? Descubriremos que cualquier situación trae consigo un aprendizaje inmanente. Podemos capitalizar cualquier error en nuestro favor. Podemos revertir una situación adversa ya sea inmediatamente, ya sea en un futuro. Podemos intentar cambiar la forma en la que percibimos cualquier circunstancia. Podemos reacondicionar el escenario en el que se están sucediendo los hechos.

El potencial se esconde detrás de la situación que nosotros consideremos que se esconde. La inspiración está donde la busquemos. El talento es en realidad la velocidad del cuerpo a responder a la mente, luego elegimos en qué desarrollarla. Por lo tanto, el talento innato no es nada sin la preparación, práctica y desarrollo. El potencial se pone de manifiesto frente a los problemas, es la manera de ver si somos más grandes que nuestros problemas o si nuestros problemas son más grandes que nosotros. Muchas veces hay gente que nos habla de sus problemas durante un tiempo y nosotros nos preguntamos: "y ¿dónde está el problema?". Esto sucede porque esos problemas son más grandes que esas personas, pero no más grandes que nosotros.

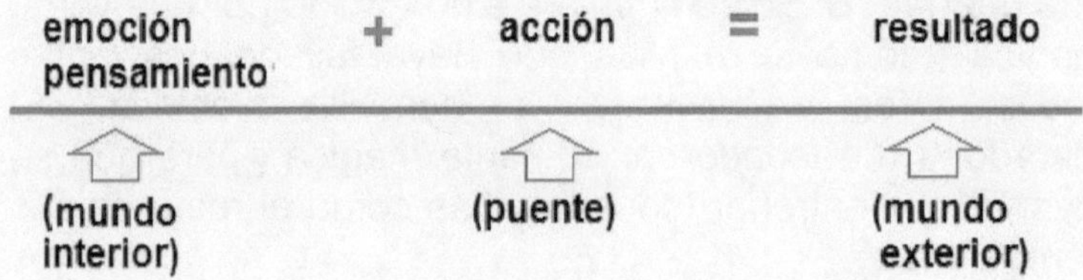

Dentro de nuestra mente suceden dos cosas básicas, pensamientos y emociones. Son los dos productos más fabricados por nuestro cerebro. Pero quedan nulos y son de poca significancia en nuestra vida, a menos que sean apoyados por una acción correspondiente. Porque solamente esa acción puede generar un resultado externo. La acción por lo tanto es el puente entre el mundo interno de las ideas y el mundo externo de los resultados.

¿Qué nos impide tomar acción?

- ✓ Vergüenza.
- ✓ Dudas.
- ✓ Temor.
- ✓ Preocupaciones.

Los perdedores tienen estas limitaciones y permiten que estos factores los frenen. Los ganadores tienen los mismos temores, dudas, preocupaciones y vergüenza, pero no permiten que frenen sus acciones.

Nuestra mente es pobre

En el ser humano existen dos constantes que condicionan su comportamiento: la gratificación inmediata y el camino de menor resistencia.

194

La gratificación inmediata significa que necesitamos ver resultados instantáneos, que siempre preferimos pasarla bien en este momento que sacrificar placeres temporales por recompensas a futuro. La gratificación inmediata es el impedimento de las metas a largo plazo.

Las primeras calles se hicieron tomando el camino de menor resistencia. Una persona camina y otra camina detrás del surco, porque ese es el camino donde el terreno opone menor resistencia. Por eso en la antigüedad los caminos no eran rectos, sino que se adaptaban al terreno, esquivando árboles, lagos, desniveles, etcétera.
Nuestro cerebro funciona de la misma manera, cada actividad que realizamos toma el camino de menor resistencia, todas las actividades que hacemos pasan por nuestra zona confortable. Todos los días de nuestras vidas hablamos con las mismas personas, leemos la misma información y realizamos las mismas tareas. No obstante, si piensas en los logros significativos que has tenido en tu vida, para todos ellos tuviste que salir de tu zona confortable y tomar el camino más difícil.

Ahora, inicialmente nuestra mente estaba condicionada para el fracaso. La lógica y la estadística me dicen que solo el 5% de los seres humanos son millonarios, y menos del 5% de ese 5% de millonarios, son además genios. Entonces las posibilidades de que yo sea un genio son ínfimas. Sin embargo, hay una constante, como todos tenemos esta lógica y tenemos inicialmente la misma manera de pensar, solo desafiando la lógica es que podemos lograrlo.

Todos aquellos que hicieron nuevos descubrimientos, que inventaron nuevas cosas, tuvieron que romper parámetros. Mientras muchas personas se frustran ante los cambios, porque cuando están terminando de adaptarse al último cambio, otro le sobrevino, los visionarios, las personas que innovan, cuentan con tres capacidades fundamentales:

- ✓ Ven la oportunidad.
- ✓ Tienen el coraje para llevarla a la práctica.
- ✓ Le dedican el tiempo y esfuerzo necesarios.

Ver la oportunidad requiere intuición. Intuición es la capacidad de tomar decisiones acertadas con poca información. Algunas personas esperan el momento oportuno para actuar, y ¿cuándo es el momento oportuno? Seguramente el momento oportuno no llegue a concretarse, si esperamos que todos los factores estén a favor de nuestras probabilidades nos sumergiremos en la inacción.
Solo existen dos momentos oportunos: ahora o nunca.
¿Qué esperas?

Hay mucha gente que tiene intuición y que dice acerca de una idea exitosa: "a mí ya se me había ocurrido eso hace tiempo". Pero les faltó coraje, la voluntad de afrontar riesgos. Muchos otros antes de afrontar estos riesgos hacen estudios de mercado, analizan los costos de producción, examinan los riesgos, etcétera. Pero para tener cifras de evaluación y de estudio de mercado tuvo primero que haber un alguien que lo haya intentado. No puede haber cifras hasta que un pionero genere esa cifra.

Por último, dedicarle el tiempo y el esfuerzo necesarios va de la mano con hacer lo que uno ama. La mente millonaria nunca se establece como meta los millones. Walt Disney decía, "yo no hago películas para ganar dinero, gano dinero para hacer películas". Los mediocres piensan en ganar dinero, un chimpancé puede ganar dinero. Los genios, las personas extraordinarias, ganan prestigio y eso les genera entre otras cosas, dinero. No se trata de lo que obtenemos, se trata de en qué nos convertimos.

"El dinero es malo", "los ricos son avaros", "nadie puede hacerse rico sin pisotear a otros", "quien tiene dinero es porque ya nació con dinero". Todos estos conceptos que fundamos sobre la riqueza volvieron pobre a nuestra mente.

El mapa de los genios

Tenemos una lista de determinismos que utilizamos como excusas para eludir nuestro potencial, porque ocurre que si descubrimos que tenemos un potencial —que resulta que sí lo tenemos—, entonces debemos hacer algo con él o de otra manera toda la vida nos perseguirá el fantasma de lo que pudimos haber alcanzado, y la realidad es que no queremos asumir el compromiso de ponernos en marcha, de intentarlo y mucho menos de persistir. Aunque se espante la razón ante esta verdad, resulta que existe un tipo de gente que evade esta responsabilidad, que se convenció a sí misma que no sirve para nada, que no tiene talento alguno y que es inútil para todo. Existe también otro tipo de gente culposa que no se cree merecedora de nada, que cada vez que debiera estar contenta, piensa que está siendo egoísta y se priva de disfrutar de sus logros y de su prosperidad. También existe un tipo de personas que no se siente capaz de abordar grandes expectativas, que se han olvidado de sus anhelos, que ha saturado sus pasiones de rutinas, sus convicciones de trivialidades, y que han confundido soñar con dormir. Se aferran a la necedad y discuten a muerte cualquier concepto porque de otra manera tienen que admitir que estuvieron equivocados todo el tiempo y el mundo que construyeron, lo edificaron sobre bases tambaleantes por una mirada chata de la realidad, al no disponer de la suficiente información.

No obstante, demuestran a cada momento que se pueden romper las reglas, que no existen límites hasta que alguien los pone. Gente que adquiere un compromiso de dedicación a largo plazo; que trabaja sobre el esquema de la calidad total, donde mejora cada día hasta llegar a la excelencia; que amplía sus intereses para conseguir una visión más profunda de sus posibilidades.

Cuando luches por ser un genio, te sentirás muy solo en muchos momentos. Las parejas que conozcas no están acostumbradas a lidiar con personas de ideas firmes, de carácter convincente y de principios inquebrantables, al contrario, se acostumbraron tanto a las relaciones mediocres que te sentirás insultado al ver que recibes el mismo trato que a cualquier imbécil. Tus amigos no creerán en ti, se burlarán de tus proyectos, intentarán desviarte de tu propósito, al que considerarán una pérdida de tiempo. Y así pasarás a sentir que no eres comprendido. No te preocupes, los genios creen en ellos, aunque nadie más crea en ellos.

¿Qué hace genio a un genio?

Existen varios preconceptos que elaboramos alrededor de los genios, de los millonarios y de las celebridades. Fundamos una mitología que, si bien define lo extraordinario de la conducta de estas personas, nos aleja un tanto de la realidad. El genio se funda simplemente en eventos que pueden sucederle a cualquier persona, solo que el enfoque que ellos tienen cambia a más los resultados que obtienen, y cuando una persona empieza a entender que su forma de ver las cosas contiene una originalidad que lo puede conducir a los logros más prometedores, comienza a creer en sí misma, decide arriesgar e ir más allá, mientras el resto solo se queda esperando, temeroso o dudando.

198

Muchos creen que es la suerte. Porque todos aquellos que no comprenden, solo pueden explicar el éxito en términos de suerte. La probabilidad de que ganes la lotería es de 1 en 30 millones, pero la probabilidad de que estuvieras vivo es de 1 en 300 millones, porque le ganaste la carrera a 300 millones de espermatozoides para estar aquí. Por lo tanto, si estamos vivos, todos tenemos la misma suerte.

Otros aseguran que es la inteligencia. Albert Einstein fue diagnosticado a los siete años, como un niño de lento aprendizaje. Los primeros cuadros de Salvador Dalí, incluso hasta los veinticuatro años fueron tan ordinarios que cualquiera con un mínimo conocimiento en pintura, podría reproducirlos.

Algunos dicen que es un don. Si fuera un don, ninguno de ellos hubiera tenido la necesidad de practicar, de entrenar o perfeccionarse, sin embargo, Michael Jordan practicaba dos mil tiros al cesto por día, Thomas Edison cometió doscientos errores antes de crear la bombilla eléctrica, Dalí pintaba de cinco a seis cuadros diarios.

Otros sostienen que es el destino. Ergo, el destino se forja con las decisiones que tomamos a diario, esas decisiones alteran nuestro destino.

Algunos aseguran que se debe nacer rico o ganar mucho dinero de jóvenes. Mientras los hermanos Mc Donald dudaban, Ray Kroc convirtió una franquicia, en el restaurante de comidas rápidas más importante del mundo. Tenía cincuenta y dos años y era un simple vendedor que hasta el momento no había dado muestras de ser un genio sobresaliente, simplemente estuvo toda su vida buscando la oportunidad y la encontró. Muchas veces la genialidad reside en una persona y está esperando el momento para desencadenar su potencial, hasta que ese momento llegue, todo habrá sido aprendizaje.

Queda demostrado entonces que, ninguno de estos factores determina o determinaron a los genios.

La estructura del fracaso

Nuestra cultura, estructurada de tal manera que solo los que la transgreden puedan sobresalir en ella, da como contrafuerte que la forma y la intensidad con la que adherimos a ella es la causa fundamental de nuestra mediocridad. ¿Sabes por qué la gente devuelve el dinero que encuentra, cuando encuentra mucho dinero? Porque no sabe qué hacer con él. Devuelven cien mil y les dan cien de recompensa, sin embargo, sí saben qué hacer con cien. Con cien se sienten más cómodos, más seguros.

La estructura del fracaso nos dice en primer término que no podemos escapar a la genética, por lo tanto, la razón por la que no triunfamos y la causa de nuestra forma de ser es por nuestros abuelos, de ellos heredamos el carácter, la inconstancia y el desánimo. Eso está en nuestro ADN y no lo podemos cambiar.

En segundo término, nos especifica que tampoco podemos escapar a la conformación psíquica que venimos desarrollando desde niños, por lo tanto, la culpa de todo la tienen nuestros padres, la forma en que nos educaron y nuestras experiencias infantiles determinaron nuestra personalidad. "No puedo darte afecto, mi padre nunca me lo dio a mí", "y además no confió mucho en las mujeres porque mi madre me abandonó", "a mí me educaron así y ya estoy muy grande para cambiar"

En tercer término, lo ambiental nos domina, somos víctimas del medio ambiente que nos rodea, todo lo que me rodea tiene acción directa sobre mi conducta y mis elecciones de vida. "No puedo avanzar porque la situación económica del país no amerita crecer", "además en el trabajo todos compran a crédito y yo voy a hacer lo mismo"

En cuarto término, lo emocional interfiere con mi forma de pensar. "Tengo que consultarlo con mi esposa", "que pensarán mis amigos de esto", "mis hijos me pidieron que vaya" "además mis amigos se van de vacaciones esta semana y yo voy con ellos, no puedo decirles que no".

A continuación, voy a enumerar varias conductas que terminan convirtiéndose en patologías en la medida que nos aferramos a ellas.

El síndrome de la negación inmediata: todavía no has dicho una sola palabra, te preparas para hablar, te diriges a esta persona y apenas abres la boca te dice: "NO". No importa lo que le digas, ellos siempre dirán: "NO".
"No lo vas a hacer".
"No vas a poder".
"No".

La enfermedad de E.N.F. (Eso No Funciona): cualquier idea la transforman en fracaso, cualquier acción en pérdida de tiempo. Nada de lo que quieras emprender funciona para ellos.
"No sé si va a funcionar".
"No creo que de resultado".
"Para mí es una pérdida de tiempo".

La pregunta destructiva: tienes un proyecto, lo trazas, lo estudias, pero cuando quieres llevarlo a la práctica aparecen las preguntas destructivas.

¿Pero tú sabes algo de eso?

¿Y de dónde vamos a sacar el dinero?

¿Y quién lo hará? ¿Tú, que eres un inútil?

¿Y cómo lo vas a hacer si tú nunca estudiaste?

Si otros fracasaron yo también…: buscan antecedentes de desaciertos, no de logros. Imitan a los que fallaron, no a los que lo lograron. Creen que si otros no pueden, tú tampoco y creen que si tú no puedes otros tampoco.

Síndrome del domingo por la tarde: existen afirmaciones que preparan mi semana para la frustración.
"Mañana es lunes hay que trabajar".
"Odio levantarme temprano".
"No quiero ir nunca más a trabajar".

Junta de lamentaciones: algún tiempo libre que convertimos en momentos dedicados exclusivamente para quejarnos. Esa actitud limita mi desarrollo profesional.
"Deberían darnos un aumento".
"Deberíamos trabajar hasta lo jueves, y tomarnos el viernes también libre y entrar recién el lunes por la tarde".

Doctorado en quejas: mientras más hablo de mis malestares, más se intensificarán porque el foco de mis pensamientos está sobre ellos. Esto aumenta mi malestar y cansancio.
"Me duele la pierna".
"Ya no soporto mi espalda".

Directorio de improductividad: excusas que pongo para no tener que hacer. Cualquier contratiempo es suficiente para evitarme trabajar. Esto aplasta mis proyectos.
"Con el frío que hace cuesta mucho salir de la cama".
"Demasiado calor para ir a trabajar".
"A mí nadie me va a decir cómo hacer las cosas".

Atención a la víctima: La víctima nunca es muy rica. Una víctima no se realizará, pero consigue atención. Desde niños equiparamos el amor con la atención, por eso tratamos de conseguir atención por todos los medios.

Centro de resignación: me hace compadecerme a mí mismo.
"De todos modos, no me voy a llevar nada a la tumba".
"El dinero no es tan importante". Si yo le dijera a mi esposa/o que ella o él no es tan importante ¿se quedaría mucho tiempo a mi lado? Por supuesto que no. El dinero tampoco.

Haciendo la diferencia

El millón de dólares es un concepto que apunta a acceder a la aceptación de que hay un millón para cada persona, solo debe descubrir de qué manera generarlo. Todos disponemos de la misma cantidad de tiempo, la persona más rica del mundo no tiene un solo segundo más que la persona más pobre del mundo. Nacimos en el mismo planeta, con la misma cantidad de miembros, con un cerebro, un cuerpo y una vida.
La única diferencia radica en el pensamiento:

Los ganadores viven en un mundo de crecimiento, de oportunidades y aprendizajes. Los perdedores en un mundo de quejas e injusticias.
Una persona común, vive sin demasiadas expectativas. El genio, en cambio, sueña desde pequeño con cosas grandes.
El genio hace la pregunta que nadie ha hecho. Y encuentra la respuesta donde nadie ha buscado.
Una persona mediocre se fija un propósito y lo consulta con sus seres queridos.

Un genio se fija un propósito y lo consulta con expertos.
Sin la aprobación de terceros, el mediocre desiste de hacerlo.
A un genio la desaprobación de terceros, le da más fuerzas para realizarlo.

Donde el perdedor ve fracaso, el ganador ve experiencia.
Donde el perdedor ve problemas, el ganador ve desafíos.
El perdedor ve riesgos, el ganador ve oportunidades.

El cobarde nunca comienza.
El perdedor nunca termina.
El ganador nunca se rinde.

El mediocre ve suerte, el genio constancia.
El mediocre ve casualidades, el genio disciplina.

El perdedor habla, el ganador hace.
El ganador juega para ganar.
El perdedor para no perder.

El mediocre ve genética, el genio sacrificio.
El mediocre ve condiciones, el genio trabajo.

Mientras el perdedor piensa en hacerlo, el ganador solo lo hace.
Mientras el perdedor busca excusas, el ganador comienza.

Genio es quien decide serlo.
Sabio es quien busca la sabiduría.
Maestro es quien puede enseñar lo que sabe y transmitir su genialidad.

Venganza

Según lord Baelish: "la venganza es la más noble de las motivaciones". Alex Dey cuenta en uno de sus programas, que cuando era joven le pidió prestado el auto de su hermano mayor a su madre y ella le dijo que no se lo podía usar, porque lo iba a arruinar, que él era un vago, un tonto, que el hermano era muy trabajador y que no podía usar su carro. Según sus propias palabras: "Salí bien enojado, cerré la puerta con todo el coraje que pude y le dije: pero algún día voy a ser más grande que todos, el más rico y el más importante".
Explicaré más en detalle esta técnica en el siguiente punto.

Odiar inteligentemente

El odio es una fuerza elemental, una de las fuerzas más grandes de la naturaleza. Para romper con el paradigma y no caer en la obviedad que escucharán o leerán en todos los libros y cursos de autoayuda y superación personal, el odio puede volverse un elemento altamente productivo. Si yo les dijera que sentir hambre está mal y que no deben sentir hambre, estaría diciendo algo tan absurdo como si dijera que sentir odio está mal, no deben sentir odio. ¿Quién puede evitar sentirlo? Lo único que podemos evitar, es que ese sentimiento se apodere de nuestra mente y nos envenene, pero si en lugar de enfocar nuestras energías en quitar ese sentimiento de nuestra mente, nos dedicáramos a redirigirlo hacia algo productivo, podría un sentimiento nocivo ser de utilidad. Recuerdo cuando comencé a intentar, en artes marciales, romper ladrillos y maderas. Debía endurecer el canto y nudillos de mis manos. Por ese tiempo tenía un sentimiento de odio muy intenso hacia personas que no se habían portado muy bien conmigo, y un día ese odio se volvió mi aliado. Entrenaba más duro que nunca, y durante el proceso de eliminar ese rencor de mi cabeza, había logrado un nivel de potencia de golpe que ni yo creía. Convertí, de esta manera, un sentimiento nocivo en una herramienta de crecimiento.

"La mejor forma de vengarse de un enemigo es no pareciéndosele". Marco Aurelio.

No creas que lo eres, sabe que lo eres

Arribamos a otro país, quizás hablan nuestro mismo idioma, aunque su cultura difiera un tanto de la que nosotros traemos. ¿Has notado que al tiempo te estás expresando con el mismo tono y acento que ellos? Esto sucede porque tendemos a adaptarnos al medio que nos rodea.
Si comienzas a frecuentar lugares de gente que ya logró lo que tú quieres. Si comienzas a caminar, hablar y actuar como ellos, tarde o temprano serás uno de ellos.

Mira a tu alrededor y piensa ¿a quién has estado imitando hasta ahora? ¿Cómo quién te vestiste, caminaste y te condujiste? ¿Qué resultados obtuvo esa persona a la que imitas? ¿Son los mismos resultados que tú quieres obtener? ¿Quién te estuvo asesorando? ¿A quién consultas cuando quieres emprender nuevos proyectos?
Recuerda que un genio consulta con expertos, con quienes ya están haciendo lo que tú quieres hacer.

¿Qué copiamos de las personas?

* El mal genio.
* La forma grosera de hablar.

206

- Las vulgaridades.
- El dialogo trivial.
- Los recelos.
- La intolerancia.

Por lo general nos relacionamos con personas que tienen nuestro mismo mal carácter, nuestras mismas limitaciones y no tratamos de parecernos a quienes admiramos. Nos limitamos a decir que estamos muy lejos de esa persona, de llegar a ser como ella. Lo cierto es que es muy, pero muy probable que ese sujeto al que tanto admiras sea un ser humano al igual que tú.

Guillermo Vilas, uno de los mejores tenistas de la historia, le preguntó a su entrenador: "¿Qué es lo que hace un campeón?" el entrenador le respondió: "entrena cuatro horas por día". "Yo entrenaré seis" —dijo él.

No importa si llegamos o no, a cumplir nuestro sueño, lo importante es en quién nos convertimos en el proceso. Es ese viaje que emprendemos, lleno de conocimientos, del placer de aprender cosas nuevas, de sorprendernos de nuestras capacidades, de hacer cosas que no imaginábamos que podríamos hacer y de descubrir talentos que no soñábamos que teníamos.

Si tú nunca te has quemado con fuego y yo te dijera que si apoyas tu mano sobre las llamas vas a quemarte, puedes elegir creer o no. Pero una vez que apoyas tus manos en el fuego y te quemas, creer ya no es una opción. Ahora sabes que te quemas.
De esta manera las creencias solo pueden forjarse en la ignorancia, sin embargo, nuestra mente subconsciente nos conoce mejor que nosotros mismos, por lo tanto, si yo trato de engañar a mi mente diciéndole, por ejemplo: "eres millonario" y me encuentro con que quiero comprar algo y no tengo dinero, la mente me dice: "oye, no eres

millonario", sin embargo, aunque no seas millonario puedes convertirte en la misma calidad de persona y eso es lo realmente significativo.

Llegamos aquí a la parte final del libro y para cerrar el concepto del millón de dólares vamos a analizar la parte más importante de dicho concepto, esto es la persona en la que te conviertes en el proceso de valer un millón.

- Emprendedora.
- Enérgica.
- Carismática.
- Fiel a tus principios.
- Leal a tu propósito.
- Creativa.
- Disciplinada.

"Habla, camina y condúcete como la persona que quieres ser hasta que lo seas".
¿Cómo se viste la persona que quieres ser?
¿Cuántas horas por día trabaja?
¿Cómo trata a sus hijos?
¿Cómo se comporta con los demás?
¿Cuáles son sus intereses?

Si tuvieras un millón de dólares…

1-No perderías un solo segundo discutiendo con imbéciles.
2-Agradecerías cada mañana la fortuna de estar con vida.
3-Utilizarías un día a la semana para meditar, pensar y crear.
4-Harías regalos a tus seres queridos y les dirías cuanto los quieres.
5-No pelearías por insignificancias.

6-No te entretendrías hablando mal de los demás.
7-No te quejarías desmedidamente por trivialidades.
8-Actuarías mucho más distendido y sereno.
9-Disfrutarías de cada momento vivido.

¿Qué te impide hacer todo esto, aunque no tengas todavía en tus manos un millón de dólares? Piensa un segundo: ¿puedes retirar dinero en el banco sin antes haberlo depositado? No. Por eso no pienses en primero obtener un millón y luego actuar como un millonario, primero actúa y luego vendrán en camino los resultados.

1 Al escribir este libro tuve la plena convicción de que podía ayudarte. He intensificado la inercia de desarrollar cada día los9Principios.
2 He respetado los procesos de gestación. Escribí este libro, lo corregí, lo dejé descansar, lo releí y reescribí más de veinte veces.
3 Pensando en dejar algo que realmente pueda cambiar la vida de muchos.
4 Investigando, estudiando, desarrollando, elaborando esquemas, inventando situaciones y haciendo preguntas.
5 Creando mi propia manera de desarrollar la información y proporcionando una forma única de entender y aplicar los principios.
6 Sabiendo desde un principio a dónde quería llegar con esto.
7 Arraigando los 9 Principios a mis huesos y siendo parte de este libro que es como mi hijo.
8 Haciendo todo lo posible para lograr mi objetivo sin descanso.
9 Queriendo alcanzar un sueño que tengo desde que hago uso de razón.

La prueba de que esto funciona la tienes en tus manos. Mi libro ha llegado a ti…

Nico Quindt